Du même auteur

Carlos et Budd, ovation et silence, Verdier, 2017
Beau drôle, Éditions du Rouergue, 2020
La Fugitive de l'autre côté du pont de fil, Éditions du Rouergue, 2023

Graphisme de couverture : Stéphanie Brepson
Image de couverture : © Ilona Wellmann/Millennium Images, UK

www.lerouergue.com

Yves Revert

tous les trésors de la vie à nos pieds

la brune au rouergue

1.
UNE MIETTE DE GÂTEAU AU COIN DES LÈVRES

Laure presse la télécommande et à la seconde où l'image se forme à l'écran, le visage d'Alexandre apparaît. Je me dis : *Comme s'il n'attendait que moi pour se montrer, caché derrière la surface obscure et lisse de la télé.* Puis aussitôt l'idée me fait sourire, parce que ces temps-ci, l'apparition d'Alexandre à la télé est tout sauf une surprise, ce serait plutôt son absence qui étonnerait.

Laure se sert un verre et traverse la pièce. Sa silhouette tout en long suit une ligne droite d'un bout à l'autre de mon champ de vision. Sur le point d'en sortir, elle s'immobilise, pointe le menton d'un air interrogateur en désignant son verre du doigt. Je lui fais non de la tête.

Alexandre est filmé à mi-corps, d'assez près pour que se distingue l'expression du visage, mais le plan est suffisamment large pour que le téléspectateur situe ce qui l'entoure. En chemise, sans cravate, il est attablé parmi d'autres convives dont j'aperçois les bras et les épaules. Ce qui se devine, c'est un coin de ciel bleu et une bande de sable. Quelque chose bouge en arrière-plan, des fanions, des silhouettes traversent le fond de l'image, on en voit assez pour que ressorte un air de vacances, la blondeur d'Alexandre en rajoute.

Je pourrais détourner le regard, me contenter du son et me plonger dans le courrier du jour que Laure a laissé à mon intention sur la table du salon, mais cet air de bord de mer me retient.

Alexandre sourit. Cela fait un certain temps qu'il s'est mis à sourire de cette façon, comme s'il vous aimait.

Je me surprends à battre des paupières, et ce simple mouvement mécanique va suffire à ce que mon cerveau se relâche, et du même coup les pensées qui l'assaillent, c'est ce que je feins de croire mais je sais bien que non. Il est trop tard. Laure n'aurait pas dû allumer la télévision.

Un jour, nous avions joué à quel mousquetaire nous rêvions d'être. Il avait réfléchi à voix haute. *Porthos, trop débonnaire, Athos, trop sévère, j'aurais l'impression d'être mon père, et trop morose aussi.*

Je l'ai coupé : *D'Artagnan, alors, bien sûr ?*

Il a secoué la tête : *Non, d'Artagnan, c'est évident, c'est toi. Moi, je ne suis pas fait pour ça. Trop en avant. Dis donc, il faut pouvoir se le permettre, le genre beau gosse.* Alors je me suis souvenu d'une des premières phrases de Dumas pour décrire Aramis, je crois que c'est au chapitre II des *Mousquetaires* : *Il riait sans bruit en montrant ses dents qu'il avait belles*, et j'ai compris lequel Alexandre s'était choisi en secret. Il se l'était même choisi depuis un bon moment, parce que quand j'ai posé la question à l'improviste, il n'a pas mis deux secondes à trouver la réponse.

Je fais un calcul rapide, comme si des dates pouvaient m'aider à comprendre. Tandis que Laure me reluque du coin de l'œil, je me dis : *Nous sommes en 2016, donc cette histoire de mousquetaires, c'était il y a un peu plus de vingt-cinq ans.*

Chaque fois que je le vois à la télé, je ne peux m'en empêcher, je me dis que c'est moi qui devrais être à sa place. Le rôle me revenait. Cette pensée me vient sans prévenir, sans faire de bruit, elle n'est pas vraiment douloureuse, la même sensation qu'en cas de faux mouvement. C'est plutôt cela, un mouvement qui ne va pas de soi, quelque chose s'est déréglé. Rien de plus. Rien de grave finalement. Le plus souvent, je lève les yeux, j'observe le visage de Laure et l'impression se dissipe. Mais ce soir, c'est différent. Tout est différent soudain. J'aurai beau faire, l'impression va persister.

À l'écran, un homme fait irruption, la quarantaine, bientôt cinquante peut-être. Il donne l'impression d'avoir joué des coudes au milieu d'un début de bousculade. Je le distingue mal parce qu'il fait face à Alexandre et entre dans le champ de la caméra seulement par intermittence et de trois quarts dos.

– Bonjour, je suis salarié au Village des Trois Soleils.

Une voix hors champ glisse : *Un village de vacances tout près d'ici.*

Alexandre interroge : *Et le secteur se porte bien ? Des problèmes particuliers ? La saison est démarrée, on doit avoir une idée.*

Sans doute le reportage touche-t-il à sa fin, on en est à plus d'une minute. Une phrase s'est incrustée quelques secondes dans le bas de l'écran. Je ne l'ai pas vraiment lue, j'étais trop concentré sur la scène elle-même mais ça devait être du genre :

La tournée du ministre sur la côte corse. À l'écran, Alexandre joue sans fausse note, comme il sait si bien le faire. Il rassure son interlocuteur, il fait sérieux, en même temps qu'il ne s'encombre pas de protocole.

L'homme explique qu'il est syndicaliste. Le premier réflexe d'Alexandre est de sourire davantage et rien ne change dans son regard mais moi, je sais bien ce qui se passe. Cela ne se voit pas mais il est sur ses gardes. Il prend sur lui pour trouver les mots, il va les chercher loin. Cette conversation, c'est comme monter un cheval sans rênes ni éperons, à chaque phrase il donne un coup de reins pour maintenir son assiette.

L'homme dit : *On fait partie du groupe Altertourisme.*

Une seconde, le sourire d'Alexandre retombe et il n'a plus l'air de voir ce qu'il voit. Je sursaute en même temps que lui. Il se ressaisit, continue de parler, opine du chef, se tourne vers ses voisins de table qui prennent la parole et consultent des fiches. Mais je le connais. Il voudrait leur dire à tous de se taire. Qu'ils débarrassent le plancher et le laissent seul avec l'homme.

Jusqu'à maintenant, on aurait pu croire que c'était Alexandre qui invitait, il faisait comme chez lui, assis sous cette paillote comme s'il y avait ses habitudes, pour un peu on l'aurait vu demander qu'on fasse passer les plats et expliquer la petite touche personnelle qui changeait tout à la recette, une épice à saupoudrer à la dernière minute ou les légumes qu'il ne fallait pas oublier de saisir à vif. C'est ce qui me frappe dès que je le vois filmé sur le plateau d'un journal télé ou se confrontant à la foule. La main va chercher la main dans la cohue et elle sait où la trouver sans effort, d'un mouvement du bras à la fois souple et décidé. Rien de heurté, aucun à-coup. Impossible que les doigts rencontrent le vide ou heurtent un obstacle. Impossible d'imaginer que quelqu'un aille au-devant de lui et demande : *Que faites-vous là ? De quel droit y êtes-vous ?* Ces derniers mois, le monde entier est devenu un simple décor fabriqué à sa mesure, dans lequel il est libre de déambuler et déclamer à sa guise.

Mais maintenant, le nom Altertourisme a été prononcé.

Et moi aussi, mon cœur se rétracte et se met à cogner. Je voudrais enfoncer une touche sur la télécommande, arrêter les images et intervenir en direct. Je voudrais poser les questions à la place d'Alexandre.

Il esquisse un geste pour dire à l'homme de se rapprocher.

Les coudes sur les cuisses, penché en avant, je sens que nous sommes arrivés à un point de bascule.

Je me dis : *Il va se passer quelque chose, Alexandre va prononcer une phrase et tout à coup, je vais comprendre une vérité qui m'est restée cachée depuis toutes ces années.*

Laure se dirige vers la télévision.

– Encore Alexandre, qu'est-ce qu'il raconte cette fois ?

Elle s'apprête à saisir la télécommande pour mettre le téléviseur en veille.

Je dis : *Non, attends !*

Elle sursaute, je reste le regard braqué sur l'écran.

Alexandre revient au syndicaliste : *Altertourisme ?*

Ils échangent quelques paroles. Au début, l'homme s'est avancé à l'intérieur du cadre mais au bout de plusieurs secondes, il a reculé, ou c'est la caméra qui a zoomé sur Alexandre, parce que bien sûr, c'est lui qui l'intéresse, pas question de perdre une réaction, de rater un mot, et lui joue le jeu, il offre son visage, il offre sa voix, il va chercher l'objectif, tendu en avant.

De son interlocuteur, seules restent la voix et l'ombre. Comme s'il n'était pas vraiment là, à cet instant, sur cette plage corse qui doit sentir l'huile de coco, au milieu d'une camarilla d'officiers de sécurité et de techniciens qui se démènent, pendant que les autres font semblant de manger entre copains et que roulent les vagues. Sa voix semble provenir de très loin. Comme un vieil enregistrement oublié.

Alexandre le coupe : *C'était un Corse qui dirigeait ça à une époque.*

Le syndicaliste répond : *Euh, je n'en ai jamais entendu parler. À quelle époque ? Cela ne me dit rien.*

Je devine ce qu'il tait. Il pense qu'Alexandre se trompe, qu'il confond ou bien qu'il a dit cela pour faire son malin, comme tous les politiciens qui font semblant de savoir de quoi vous leur parlez, pire, qui veulent montrer qu'ils en savent plus que vous, parce que c'est leur raison d'être, apprendre aux autres ce que les autres ignorent. Mais une timidité, sans doute inhabituelle chez un syndicaliste habitué à contester la partie adverse, le retient de le contredire frontalement.

– *Si.*

La voix d'Alexandre s'adoucit. Il dit : *si* à la manière des enfants quand on ne veut pas les croire. Il semble qu'un opérateur ralentit le rythme des images. Le reportage ne va plus en finir. Alexandre va rester là devant ce salarié debout de l'autre côté de la table, et la caméra ne va pas arrêter de tourner. J'imagine une ville du Sud, des rues perpendiculaires au littoral, à l'extrémité desquelles les façades découpent la mer en autant de rectangles. La ville se réduit à cette mosaïque de rectangles qui réfléchissent le soleil comme des éclats de verre. Il est deux heures de l'après-midi. Cette heure-là dans les villes du Sud, c'est comme trois heures du matin à Paris, les passants marchent vite, tête baissée, l'œil oblique, ce n'est pas qu'ils aient peur mais ils sentent qu'ils n'ont rien à faire là. La ville à ces instants n'appartient plus aux hommes, elle appartient au soleil ou à la nuit.

Alexandre répète : *Si, si, monsieur Spiuma.*

Il parle comme pour lui-même, sans se soucier d'être compris ou entendu : *C'était mon copain qui s'occupait de ça, mon copain Roger*. La phrase se perd entre deux répliques des voisins de table, elle s'efface derrière le rugissement des vagues et le vent qui se prend dans le micro mais moi je l'entends distinctement. *Mon copain Roger*. Mon cœur se dérègle. Une chaleur irradie. En même temps que j'éprouve de la joie, je me surprends à être sur le qui-vive. Un état d'urgence intérieur radicalement nouveau.

Je reste seul au milieu du salon. La fenêtre donne sur la cour intérieure et les grilles de la succursale. Laure a eu du mal à se faire au mobilier à notre arrivée. Le mobilier d'un cadre supérieur des années 1970, moitié verre moitié plastique, inox, canapés en cuir jaune canari. Pas la folie de ces années-là, pas le délire criard des papiers peints, comme si tout à coup on avait laissé des enfants colorier les murs, ni les fauteuils sortis de *2001 : L'Odyssée de l'espace* ni les bacs à glace en forme de pomme rouge vif. Non, plutôt l'image qu'on pouvait se faire dans les années 1970 de l'intérieur d'un haut fonctionnaire. L'intérieur de quelqu'un qui n'existe pas. Le problème, c'est que les années 1970, c'était il y a quarante ans.

Laure m'a dit : *J'ai l'impression d'habiter les pages d'un catalogue* et elle avait raison mais moi, ce n'était pas pour me déplaire. Vous vous installez dans un fauteuil, vous ouvrez les portes d'un placard, vous vous amusez avec les appareils électroménagers et puis quand vous avez bien fait le tour, il suffit d'éteindre la lumière et de refermer la porte sans avoir rien à expliquer. Comme si vous n'aviez pas été là.

Sans doute à une époque m'a-t-on prédit un autre avenir que directeur d'une succursale de la Banque de France. Et moi-même, je rêvais d'autre chose. Je ne savais pas précisément de quoi, mais à coup sûr, ce n'est pas ainsi que je me voyais. Quelle importance ? En fait je ne pouvais espérer mieux. Directeur d'une institution qui fait semblant de croire qu'elle est encore de ce monde. Elle l'est, je le sais bien, je la dirige, il y a ces coffres, ces grilles qui nous séparent de la rue, ces multiples sas à franchir à l'aide de boutons verts et rouges, et ce reste d'apparat un peu écaillé. L'escalier du perron est monumental, la cour est tapissée d'un gravier qui crisse à merveille sous les fines semelles des visiteurs. On se remémore comme un fait d'armes un hold-up qui remonte à plus de trente ans. Un vrai, avec des hommes masqués que j'imagine en gabardine, s'enfuyant à bord d'une grosse cylindrée, une virilité passée de mode et la tête qu'il faut pour le rôle. On joue encore certains jours à se faire peur quand on filtre les rendez-vous à l'entrée, et cette petite pique au cœur est délicieuse, parce qu'elle permet de vérifier que malgré tout on compte encore un peu. Chaque semestre, je rédige une note de conjoncture et je peux m'imaginer, quand je reçois la presse dans l'appartement de fonction, que c'est un petit peu de la vérité sur la marche du monde qui tombe par ma bouche. Et puis mon patron porte ce titre de *gouverneur* qu'on n'entend plus que dans les films démodés, de pirates dans les mers du Sud ou de cape et d'épée.

Nous n'avons rien dit, Laure et moi, après la fin du reportage. Elle a éteint la télé. Nous sommes passés à table. Elle m'a raconté sa journée. Mais Alexandre était toujours là, sous mes yeux, avec ses mots. Et je savais qu'il n'allait plus me quitter avant longtemps.

Maintenant, je me tiens devant la croisée qui donne sur la cour, les grilles et la rue. La ville est en gris bleu. Des silhouettes glissent sur le trottoir, côte à côte, mains dans le dos, les yeux fixés au sol. Je suis sûr que si j'entendais les conversations, chacun parlerait seul sans attendre de réaction de son compagnon de promenade. Les mots filent droit, sans rencontrer d'obstacle, comme vont les pas sur le macadam, deux lignes droites parallèles qui se prolongent sans jamais se rencontrer.

Un soir de printemps Laure est rentrée de Paris et m'a rejoint dans un restaurant où nous avions rendez-vous. Son amant de l'époque lui avait annoncé l'après-midi même sur un banc du parc Monceau, ou était-ce Montsouris, je confonds toujours, qu'il la quittait. Nous avons dîné ensemble, c'étaient les premiers beaux jours, le soleil entrait par la fenêtre ouverte. Prise dans l'encadrement, Laure a levé les yeux sur moi : *Nous allons rester ensemble tous les deux, toi et moi.*

Elle a parlé d'un ton boudeur, le ton d'une enfant qui s'était fait punir de façon injuste et qui prenait à témoin celui qu'elle savait capable de la consoler.

L'illumination lui était venue dans le train qui la ramenait de Paris. L'histoire qu'elle avait à vivre, c'était avec moi, tout simplement, et cela n'avait rien à voir avec le dépit d'avoir été quittée. Bien des années plus tard, cette vérité a pris une intensité que ni elle ni moi n'avions pressentie à l'époque. Ce que nous avons éprouvé ce soir-là attablés dans ce restaurant, dans ces années où nos vies incertaines flottaient au fil des jours, s'est depuis confirmé. Et il faut l'entendre dans le sens chrétien du terme, celui du sacrement. Ce qui nous lie s'est vu renforcé dans sa grâce.

Laure se glisse derrière moi. Elle pose sa main sur mon épaule. *Tu viens ?* Les silhouettes se font plus rares sur le trottoir derrière les grilles. Juste avant la nuit, c'est l'heure où l'on dirait que chacun chuchote. Si Laure n'était pas là, je resterais plus longtemps à observer. Il me semble qu'à ce moment de la journée, il se passe plus de choses dans la rue que ce que l'œil peut capter. Il suffirait de savoir lire le sens caché des signes.

– Tu restes dans le noir ? Tu n'allumes pas les lampes ? demande-t-elle.

D'un geste rapide, je tire le rideau.

– Si j'allume, je ne verrai plus dehors.

– Il y a quelque chose à voir dehors ?

– Je ne sais pas mais parfois on y voit mieux sans lumière.

Elle passe la main sur ma nuque. Les doigts remontent dans les cheveux.

– Tu me fais rire.

Quand je suis seul, il m'arrive si des passants s'attardent au carrefour d'imaginer leurs dialogues sur un fond sonore. Par un curieux effet, il se produit un décalage dans ma tête entre le mouvement des lèvres et les phrases prononcées, et la musique elle-même ne correspond pas. Quelqu'un qui écouterait la musique seule ne pourrait pas imaginer les images sur laquelle elle est plaquée, des badauds qui bavardent tranquillement sur leur coin de trottoir dans un quartier qui leur est familier. Un quartier entièrement domestiqué, avec ses grilles et carrefours à angles droits. Soir après soir, quels que soient les passants, quels que soient leurs visages et le temps qu'ils restent à leur coin de rue, la musique que j'entends est inexpressive. Trop de dissonances et de ruptures.

Laure s'interpose entre la vitre et moi. Quand elle me regarde comme ça avec ses grands yeux, elle a quelque chose de vicieux et de triste, et elle parle de façon traînante.

Elle s'écarte et se dirige vers la chambre à coucher. Je vais la rejoindre mais pas tout de suite. Je vais rester encore un petit moment à ma fenêtre, rideau tiré. Le voilage ajoute un filtre supplémentaire. Maintenant, ceux qui passent sur le trottoir et lèvent les yeux sur la façade de l'autre côté de la cour remarquent à peine une forme aux contours incertains. Ils me devinent, sans être sûrs de ma présence, peut-être est-ce le jeu des reflets sur la vitre.

Laure va pour franchir la porte quand, au dernier moment, elle se retourne.

Elle demande, d'un air vague, sans me regarder vraiment : *Mais au fait, tu sais qui c'est toi, ce M. Spiuma ?* Et je m'aperçois que depuis des années, j'attendais que quelqu'un me pose la question.

*

Laure et moi nous ne parlons pas du passé. L'unique lien qui m'y rattache est le déjeuner sous un cerisier, le dernier week-end d'août. Je ne sais plus trop comment s'est prise l'habitude, je crois que Laure en a eu l'idée. La première fois, il s'agissait d'un déjeuner de retrouvailles, Laure a dû penser que cela me ferait plaisir, puis quelqu'un a dit : *Ce serait si bien si on remettait ça l'an prochain*, et tout le monde a applaudi.

Je les observe année après année. C'est après déjeuner. Catherine dort dans le jardin, d'autres amis jouent aux cartes, Françoise lit, quelqu'un s'observe dans un miroir, un jeune homme, venu avec je ne sais qui, se tient assis dos contre un arbre et attend sans savoir quoi, le visage pris dans un filet d'ombres et de lumières. Ils ont la fragilité du verre. Il suffirait du plus léger bruit, que le soleil faiblisse une seconde, ou d'un battement de paupières, pour que tout vole en éclats. Mais le temps que cela dure, je les regarde et je ne sais plus qui je suis. Je les regarde comme si j'étais occupé à prier. L'été va finir, Catherine se réveiller et Françoise refermer son livre, le jeune homme se relever, sortir de mon champ de vision, sortir de ma vie, et pourtant, le temps que je reste à les contempler, j'ai davantage l'idée d'éternité qu'à l'intérieur d'une cathédrale.

Été après été, la même petite bande, qui date du temps de la rue Saint-Guillaume, se retrouve, à un ou deux personnages près selon les saisons. Catherine, parmi tous ces anciens science-pistes, occupe une place à part. Elle semble savoir tout sur tout le monde. Un peu comme une mère avec ses enfants, bien qu'il n'y ait pas de différence d'âge entre nous. Peut-être cela tient-il à l'air d'indulgence qu'elle manifeste en permanence, c'est chez elle une seconde nature, et à sa façon de balayer du regard l'assemblée tandis qu'elle trône, assise en silence en bout de table. Il m'est arrivé de me demander si ce regard n'avait pas quelque chose d'inquiétant. Pour être plus précis, c'est le regard de quelqu'un qui a quelque chose à me dire. Elle sait quelque chose qu'un jour elle me dira, sans doute cela me fera mal et ce sera dans pas si longtemps.

Nous déjeunons sous un cerisier, protégés par la voûte qu'il forme avec un acacia voisin, comme à l'intérieur d'une coque fraîche. Il a beau y avoir chaque année des nouveaux venus et des absents, un mystérieux équilibre semble jouer, et à quelques têtes près, nous restons le même nombre. Une trentaine d'affamés. On joue. On se fâche. On proteste. On s'allonge dans l'herbe. L'été flamboie. La plupart n'ont ni conjoint ni enfant. Je les observe et je me dis : *Ils sont des courants d'air. L'essentiel pour eux est de se raccrocher aux occasions qui passent comme à la voltige les artistes de cirque.*

Beaucoup vivent des amours bancales, ou pas d'amour du tout en dehors de celui qu'ils se portent. Quelques-uns occupent des postes importants dans des groupes privés ou la haute administration, d'autres enchaînent les petits travaux, correcteurs de textes, nègres, gratte-papier de la presse, soutiers de la politique et de l'Université. Ils écrivent des débuts de roman, des notes de lecture pour un universitaire ou des fiches préparatoires à la traduction d'un ouvrage, des thèses qu'ils ne soutiendront devant aucun jury. Il vient toujours un moment dans le week-end où ils exigent de les lire à voix haute devant tout le monde, comme des gamins réclament l'attention pour la cabriole qu'ils vont exécuter. On les laisse faire et chacun fait semblant de trouver ça incroyable.

Nous rions. Nous mangeons trop, des grillades, des plats frais, pleins de soleil. L'été dernier, à la fin du repas, Catherine a hurlé en levant son assiette et en la percutant de sa fourchette comme s'il s'agissait d'un tambourin : *Rire mille ans !* Curieusement, bien que l'anglais ait cessé depuis longtemps de passer pour exotique, et que son usage ne soit plus un signe qui vous distingue du commun, leur propension à en larder leurs phrases est insatiable. *J'ai été émue en remember de ce moment passé ensemble l'été dernier, chouchou. — Happy you, nous avons fait une big bamboche comme aux temps anciens ! — Love it ! Totalement en amour de cette actrice !*

On ingurgite à s'en faire mal. On se sert et se ressert en viandes. Les dents arrachent la chair à l'os. L'os ruisselle de sucs. C'est ainsi qu'ils se montrent chaque année à la charnière des saisons, avides, incapables de se contrôler, seulement préoccupés d'eux-mêmes, les yeux écarquillés dans le vague. Comme s'ils tentaient de rattraper quelque chose de la vie avant qu'elle s'éloigne pour de bon.

Cet été encore, un mois avant, en pleins préparatifs, les commandes à passer aux fournisseurs, les horaires des trains à répertorier, prévoir les couchages, j'ai soupiré devant Laure : *Je ne sais pas pourquoi nous nous donnons tant de mal.* Elle a avancé la main pour me caresser le menton : *Tu ne pourrais pas t'en passer, voyons.*

Puis elle a ajouté : *Tu t'en es aperçu ? Ils ne se voient jamais le reste de l'année.* Je n'ai rien répondu. C'était vrai. Quand ils se retrouvaient sur le quai de la gare ou à l'arrêt de bus, ils se tombaient dans les bras, se griffaient le dos, se grimpaient dessus, avec leurs mots anglais comme si l'amour, la vérité de cet amour, était plus intense, plus violent dans cette langue : *Love ! Love ! Baby !* Mais quand le reste de l'année je demandais à l'un d'eux s'il avait des nouvelles d'un autre, la réponse ne variait pas : *Ah ! Ça va, je crois, mais nous ne nous sommes pas vus depuis six mois.* Ou bien : *Tu lui demanderas, moi, je l'ai invité à la dédicace de mon dernier essai, il n'a pas trouvé le temps de venir.*

Ces réponses m'ont longtemps déconcerté. Aujourd'hui quand j'y repense, l'essentiel m'apparaît : depuis bientôt trente ans que nous nous connaissons, en dépit de tout ce qui nous sépare, une fois l'an, à la même date au même endroit, nous obéissons au besoin impérieux de renouer avec les musiques et les mots de l'amitié. Un instinct primal. Le même qui ramène les éléphants en Inde toujours sur la même piste, décennie après décennie, qu'importe si entre-temps sur le tracé on a bâti une ville. Ces journées, c'est comme si on avait découpé dans l'épaisseur du temps un tunnel qui donne un accès direct à la jeunesse.

Tout de même, quelque chose d'autre me frappe. J'aurais dû m'en rendre compte bien plus tôt. Été après été, jamais personne ne parle d'Alexandre. Ou bien, s'il vient dans la conversation, c'est comme n'importe quel ministre habitué du journal télé. Quant à Roger Spiuma, je ne me souviens pas que son nom ait été prononcé une seule fois. Eux que nous avons si bien connus autrefois. Peut-être parce que le nom de Roger Spiuma produit le même effet sur chacun de nous. Un coup au cœur en même temps que nous nous tenons sur nos gardes. C'est pour cela que nous préférons croire qu'il n'a pas existé et si l'on m'assurait qu'il a été le produit d'une hallucination, je me dirais : *Oui, bien sûr, c'est ça l'explication, je comprends tout maintenant : Roger Spiuma n'existait pas.*

*

C'était il y a vingt-six ans tout cela, mais j'en suis de plus en plus certain, si je découvre la vérité sur Roger Spiuma, je saurai qui est réellement Alexandre. J'en ai besoin. Parce qu'il me manque quelque chose. Quelque chose que je n'ai pas compris à notre sujet. Sur ce qui nous est arrivé à tous les deux ou à tous les trois. Ce qui était au départ une intuition se confirme de jour en jour et pour cette raison, quoi qu'il arrive, je ne m'arrêterai plus. Et je le sais d'instinct, c'est du côté de Catherine qu'il me faudra chercher les réponses.

Un homme nous observe. Je l'ai déjà aperçu dans ce café les fois où nous y sommes allés en bande. À cinq tables de la nôtre, à l'endroit où les baies vitrées ouvrent sur la rue, il boit un verre sans que je parvienne à reconnaître à sa couleur le breuvage. C'est le premier souvenir que j'ai de lui il y a de cela plus d'un quart de siècle. Il porte un costume bleu canard. L'un de ces bleus qui en définitive, sont plus verts que bleus. Une cravate à motifs or lui descend le long du ventre. Le costume est épais. Un gros drap rigide. Je n'y connais rien en tissus. Celui-ci accroche la lumière. Des reflets zigzaguent le long des manches.

Cela doit peser lourd, une veste pareille mais l'homme a la carrure, les épaules roulent à chaque mouvement. Le visage aussi est épais. La peau d'un rose trop vif, qui évoque la viande. Le regard brille. Je ne sais pas ce qui l'emporte, s'il est irrité ou impatient, peut-être ni l'un ni l'autre. Moqueur plutôt.

Il nous observe. Quand on est attentif à ce point, ça s'appelle plutôt *scruter*. Mais après tout, il n'a que ça à faire. Il est seul à sa table et il n'y a pas d'autres clients à part nous.

Nous parlons fort. Sans précautions. Les paroles fusent. Je nous revois rire. Quel que soit l'instant qui remonte dans mon souvenir, quelqu'un s'esclaffe ou glousse et je me dis : *Il n'y a qu'avec eux que je ris comme ça*. Ce rire est un torrent dans lequel je saute à pieds joints. Non seulement je me laisse emporter par le flot, mais j'accélère en battant des bras et des jambes pour qu'il n'y ait pas de retour possible. Je force le rire jusqu'à tousser et m'étouffer.

– *Fais attention, tu vas perdre connaissance*, dit Alexandre.

L'un de nous raconte une histoire. Il appuie sur les mots mais je ne l'écoute pas. Il doit dire quelque chose du genre : *Cela paraît incroyable ce que je vous raconte mais c'est ainsi que ça s'est passé !* Il s'adresse aux filles. Il ne parle qu'à elles. Nous sommes nés pour ça. Boire des cafés et des bières à une terrasse et nous épater avec des histoires idiotes.

L'homme au costume bleu canard a allumé une cigarette. Je remarque ses gros doigts épais et courts. Les mains sont larges. Il aspire, puis recrache la fumée par la baie entrouverte. Il laisse aller son regard en direction du petit nuage jusqu'à ce qu'il disparaisse, puis il revient vers nous et sourit. L'éclat des yeux est plus vif à chacune de nos blagues.

Je me tourne dans sa direction, cela ne change rien, son regard me traverse comme si j'étais transparent. Il me semble que s'il prenait la parole, ce serait pour lâcher une phrase qui n'aurait strictement aucun rapport avec nous, cette salle de café, sans rapport avec rien qu'on puisse imaginer, comme dans ces pièces de théâtre où les personnages jouent à cache-cache avec leurs phrases. Ils ont beau se parler, leurs phrases ne se répondent pas.

L'après-midi tire en longueur. Nous n'avons plus envie de nouvelle bière ni de nouveau café mais nous avons encore moins envie de nous quitter. Je ne le sais pas encore mais les heures que nous vivons cet après-midi-là dans un café de la Contrescarpe vont durer longtemps. Après qu'elles auront pris fin, elles vont se prolonger au-dedans de moi durant des décennies.

Je ne sais plus de quoi nous parlons. Je ris. Le rire va tout emporter.

– *Oui, c'est à peine croyable, je sais !*

– *Non !*

J'ai tout à l'heure emmené Alexandre à Saint-Nicolas-du-Chardonnet, rue des Bernardins. Je lui ai montré sur la façade une plaque de marbre, dont les mots ont été entamés à coups de burin. L'outil a laissé des cicatrices horizontales. Il est facile de reconstituer les syllabes, les deux mots qui manquent sont *roy* et *comtesse.* J'ai passé la main sur les balafres et j'ai éprouvé la rugosité de la pierre. On n'avait pas seulement fait disparaître des lettres, on avait attaqué la surface polie de la matière pour la faire retourner à son état de nature primitive. Les arêtes éraflaient la peau bien que le temps en ait patiné le tranchant. *Tu vois,* ai-je dit, *c'était facile il y a deux siècles, d'effacer le monde d'avant. Un coup de burin bien placé.* Son visage s'est illuminé et j'y ai vu de la gratitude. Il a dit : *C'est une chance que tu me fasses découvrir Paris.* Nous avons déambulé un long moment dans ce quartier d'alchimistes et de culs-de-sac. À plusieurs reprises, il a exprimé sa reconnaissance. Et moi, non seulement j'ai ressenti de la fierté, mais aussi une impression de toute-puissance. Le sentiment que tout était possible et que ça dépendait de moi.

C'est à mon tour de parler. Je fais rire la serveuse qui est revenue, une tournée de cafés sur son plateau. Je sais faire cela. Faire rire. Tenir les gens dans le filet des mots. Que mes mots les vident de toute autre pensée et leur remplissent le crâne à ras bord.

Un café noir, serré. La serveuse dit : *Vous n'allez pas dormir à l'heure qu'il est.* Je ne sais même plus ce que je lui réponds. Une phrase facile, *À notre âge, pas besoin de dormir, on laisse ça aux vieux, ils n'ont rien d'autre à faire,* une idiotie du genre, mais j'ai su placer une ou deux intonations utiles parce que maintenant, tout le monde s'esclaffe. J'ai une seconde un mouvement de tête en direction d'Alexandre. Lui aussi il rit, les yeux humides, presque ému, à la fois il montre du plaisir et de l'étonnement. Je dis : *Si tu veux donner un bon coup de burin en travers du monde, pas question de dormir.*

Il reste muet, un sourire imprimé sur les lèvres. Les autres ne comprennent pas à quoi je fais référence avec cette histoire de burin, mais cela ne fait rien, ils rient. Le café me brûle la gorge. Les mots me brûlent.

– *On mange où ?*

– *On peut faire des pâtes chez moi. Je trouverai bien quelque chose. On se débrouille.*

Quelqu'un glisse une phrase, la conversation dévie. On déplie un exemplaire de *Libération.* On parle de la guerre au Koweït, de l'opération *Bouclier du désert,* de l'URSS qui se disloque, de François Mitterrand qui vient de dire : *Yalta s'est terminé ce jour même.* Quelqu'un dit, je crois que c'est Françoise : *Il faut aller voir le dernier Doillon avec Béatrice Dalle.*

Quand je sors du café, je demande à Alexandre :

– *Tu as remarqué ce type ?*

– *Non. Un enseignant. Le type qui était dans la salle et qui nous observait, tu veux dire ?*

– *Il n'a pas l'air d'un enseignant. Il n'est pas habillé comme un prof. On dirait plutôt le genre à vendre.*

– *Mais ça veut dire quoi, habillé comme un prof ?*

– *Je ne sais pas, tu vois bien ce que je veux dire.*

– *Et puis, à vendre quoi ?*

Je hausse les épaules.

– *À vendre, c'est tout.*

Tandis que nous nous éloignons, je l'aperçois derrière la vitre. La rue nous sépare. Son image se brouille à cause des reflets. Les images se combinent à l'infini. Les arbres, le rose trop vif de la chair. Un éclat de soleil perce par-dessus les toits. Je ne sais pas s'il nous suit du regard. Le visage a disparu en partie derrière les lettres peintes de la devanture. Je distingue son paquet de cigarettes sur la table, à côté d'un trousseau de clés et d'une paire de Ray-Ban.

– On se retrouve à quelle heure ?

– Faut qu'on apporte quoi ?

Le groupe se disperse. Alexandre et moi continuons à marcher. Nous suivons une rue tout en longueur. Le quartier est plein de rues cachées et de monuments devenus invisibles. La plupart de ceux qui passent devant leurs restes fossilisés, arches, autel, voûte, agglomérés aux piliers ou aux parois d'un parking souterrain, sont incapables d'imaginer à quel géant de pierre ils se rattachaient.

Cette fin d'après-midi, nous avons poursuivi jusqu'au Jardin des plantes. J'ai montré à Alexandre la fontaine en face. Une jeune femme y trônait, à la main des tablettes sur lesquelles il était inscrit en latin : *Heureux qui peut pénétrer la raison des choses*. À ses pieds grouillaient un amoncellement d'animaux aquatiques, pattes et queues enchevêtrées, un nœud d'appendices. On les imaginait griffant la boue où ils pataugeaient et pointant la langue. La langue vibrait, perçante. Les corps se rétractaient pour mieux se projeter en avant, en appui sur le sol. Un crocodile tournait la tête dans un mouvement à quatre-vingt-dix degrés. Un mouvement tout à fait impossible à ce genre de monstre, du moins si l'on s'en tient aux seules lois de la nature. Alexandre est resté un moment à contempler la sculpture. J'ai lu de l'étonnement sur son visage, mais pas seulement. Je ne suis pas sûr de ce qu'il a exprimé. Quelque chose d'enfantin, en tout cas, et il m'a de nouveau remercié.

– *Merci de quoi ?*

Il n'a pas répondu mais il a plissé les yeux, comme on le fait quand on veut se concentrer davantage sur l'instant qu'on est en train de vivre.

Je ne sais plus à quel moment de ma vie j'ai pris conscience que j'étais beau. Je ne me le suis jamais dit en fait. Aujourd'hui encore, je n'arrive pas à prononcer les mots : *Je suis beau*. Ce qui existe, c'est le regard des autres. Ils ne peuvent pas s'empêcher, leur regard s'attarde. Ce n'est pas du désir, disons pas vraiment. Plutôt de l'étonnement qui peut aller, selon les circonstances, jusqu'à la stupéfaction. Quelque chose est en éveil, les hommes comme les femmes, et cela n'a rien à voir avec l'envie de posséder un corps. Quelque chose de plus fort qu'eux et qu'ils doivent dompter. Le plus souvent, cela dure à peine une seconde, mais cette seconde-là, ils perdent le contrôle absolu. Tout redevient normal très vite mais il y a eu cette légère vibration, un va-et-vient rapide avant de retrouver l'équilibre. Qu'on me regarde ou pas, cela fait une différence.

Dans la cour de récréation, j'étais parmi ceux qu'on venait trouver d'emblée, et plus tard, cela a continué quand il s'agissait au collège de constituer les équipes de football. Je n'étais pas particulièrement doué mais j'étais choisi en premier. Parce que visible. Cela changeait quelque chose que je sois là ou pas tandis que d'autres, leur présence se devinait comme se devinent les bords de route quand on conduit la nuit. Un panneau, un tronc d'arbre, l'entrée d'un chemin, une clôture, on les sait là mais ça ne modifie en rien la route qu'on suit.

*

Nous apprenions le langage codé qui allait devenir le nôtre durant cinq années, et dont encore aujourd'hui malgré le temps écoulé, nous régurgitons des mots sans le faire exprès, au détour d'une phrase, idiome aussi énigmatique pour les non-initiés que peuvent l'être le vieux Perse ou les langues oghouzes. Nous disions le *27*, le *56* ou le *13* pour désigner les bâtiments de Sciences Po où nous avions cours. Nous savions désormais si quelqu'un parlait du gymnase, qu'il fallait comprendre la cafétéria, et si l'on nous donnait rendez-vous à la *péniche*, plutôt que de nous diriger vers la Seine, il convenait de nous rendre au banc de bois circulaire trônant en majesté dans le hall de l'ancien hôtel de Mortemart, ou bien par extension la péniche désignait le hall lui-même.

À travers ce dédale d'hôtels particuliers aux escaliers interminables, entre la rue Saint-Guillaume, la rue des Saints-Pères et la rue de la Chaise, nous nous étions habitués à voir errer d'étranges personnages, costumes noirs, cravates rouges et visages de cire, les appariteurs, qui parfois daignaient guider les étudiants perdus, mais dont la seule charge réelle consistait à ouvrir et refermer les salles de cours. Les clés qu'ils portaient sur eux comme un gentilhomme son épée étaient en si grand nombre qu'elles semblaient ouvrir un réseau de passages secrets. Ils passaient, pressés et mutiques, gardiens d'un univers à la fois fou et logique. Le genre à poser des devinettes dont eux-mêmes ignoraient la réponse.

Je me suis surpris ce matin à chercher dans le dictionnaire la définition du mot *contrescarpe*, je n'en savais pas la signification exacte. Je l'associais sans plus de précision à l'architecture militaire, à côté d'une série de vocables du même genre lus dans les romans de chevalerie ou entendus dans les films de cape et d'épée, *poterne, barbacane, échauguette.*

J'ai lu ceci, que j'ai recopié au crayon sur une feuille de papier, sans même réfléchir à ce que j'allais en faire : *paroi extérieure du fossé, par opposition à l'escarpe, paroi située du côté de la place.*

J'aurais dû m'en douter. Il ne pouvait y avoir meilleur nom pour le quartier de Paris où ensemble, nous avons passé cinq années, Alexandre et moi, et tous ceux qui allaient finir par former la bande du cerisier, Catherine, Françoise, Geneviève ou Patrick. Un fossé à franchir, dont il fallait vaincre la résistance. C'est bien ce dont il s'agissait. Grimper une pente presque à la verticale sous les flèches de l'ennemi, et passer d'un monde à l'autre. Tout cela, en poussant des cris de joie.

La seule photo que j'ai conservée de l'époque est rangée dans un classeur d'écolier. L'un de ces classeurs comme j'en avais au collège, dont les anneaux métalliques perforent feuilles et pochettes. Je ne sais plus ce qu'elle fait là, pourquoi je l'y ai rangée, je n'y ai pas touché depuis des années, et pourtant ce matin, sans avoir à y réfléchir, je sais où la trouver. Je me doutais bien que la scène surprise hier soir à la télé n'allait pas me laisser indemne.

Je me dirige vers l'armoire de la penderie et j'ouvre une des portes avec l'impression étrange de me regarder faire. Je ne marque aucune hésitation, la main sait quel tiroir choisir.

Sur la photo, Roger Spiuma et Alexandre se tiennent côte à côte, de profil, les yeux dans la même direction. Les épaules se touchent.

Les autres personnages, sexagénaires ou septuagénaires endimanchés, lunettes et coiffures strictes, sont relégués à l'arrière-plan. On imagine volontiers un banquet de décorés des palmes académiques. L'élégance est sans fantaisie, il faut rester convenable. Les cravates et corsages à grosses rayures sont sortis pour l'occasion. Au faux plafond et aux piliers quadrangulaires, on devine une salle polyvalente.

Roger Spiuma sourit à demi, main droite relevée à la hauteur du menton, le pouce d'un côté de la bouche, l'index de l'autre, comme s'il se grattait à la jointure des lèvres. On a ce genre de geste quand on n'est pas tout à fait sûr de ce que l'on pense. On attend de voir avant de se faire un jugement définitif.

Alexandre se tient légèrement décalé en avant. Il sourit lui aussi mais la lèvre inférieure vient mordre la lèvre supérieure ce qui l'oblige à avancer le menton. Ce qui a changé par rapport à aujourd'hui, c'est la chevelure. Il semble qu'on a passé la main dans les mèches de nos jours domestiquées, pour y soulever une tempête.

Je téléphone à Catherine. Au moment de composer son numéro, je me dis qu'elle va être surprise parce que je ne l'appelle pas si souvent, en dehors des jours qui précèdent le rendez-vous annuel sous le cerisier pour régler des détails. Mais je ne vois pas qui d'autre. Elle seule était présente ce jour-là parmi la petite bande. Et c'est elle qui il y a bien longtemps m'a remis cette photo, parmi un lot de la même époque dont je me suis débarrassé depuis.

Quand elle décroche et que je me présente, elle a pourtant l'air plus amusé que surpris, elle semble savoir par avance que je vais lui demander quelque chose d'incongru.

– *Je me souviens du jour, oui, mais de la photo elle-même, pas vraiment*, répond-elle.

– Cela t'ennuie si je te l'envoie par SMS ?

– Pourquoi veux-tu que cela m'ennuie ?

Je photographie l'image avec mon portable et la transfère. Catherine ne met pas une minute à rappeler.

– Alors, qu'est-ce que tu veux savoir ?

Ce que je veux savoir, j'aurais du mal à le dire. J'ai besoin que quelqu'un me parle de cette image. Un besoin pressant, sans raison.

– Qu'est-ce que tu vois ? Dis-moi ce que tu vois.

– Roger Spiuma et Alexandre.

– Oui, mais encore ?

Elle marque un temps d'arrêt.

– Je dirais que Spiuma attend de voir ce qui va suivre mais que déjà, le spectacle l'intéresse. Et même il est admiratif.

– Qu'est-ce qui te fait dire ça ?

J'ai peut-être été un peu vif dans ma question.

Elle répond :

– Écoute, je te dis les choses comme je les vois, c'est tout.

– Oui, excuse-moi. C'est ce que je te demande de toute façon.

– Cela se voit à son sourire. On sourit comme ça quand on veut montrer un signe d'encouragement. Et puis le regard. Porté à la bienveillance.

Elle reprend son souffle.

– Tu sais quoi ? Il me fait penser à un manager de boxe. Juste au moment où il s'aperçoit, en plein milieu du combat, que son poulain va faire l'affaire. Cela fait plusieurs minutes qu'il le scrute sur le ring et à cette seconde précise, il comprend que non seulement il va faire l'affaire, mais qu'il vaut mieux que ce qu'il promettait. C'est ce que je vois sur son visage : il avait des doutes, mais à la seconde où le photographe a déclenché l'appareil, Spiuma est en train d'avoir une révélation.

Elle lâche un gloussement, savourant pour elle-même l'idée qui lui est venue.

– C'est ça. Il se dit : pas mal finalement, il y a sans doute quelque chose à en tirer !

– Et Alexandre ?

– Quoi, Alexandre ?

– Il fait quoi, là ? À ton avis ?

Elle réfléchit. Le temps paraît se solidifier. Les minutes durant lesquelles Catherine reste silencieuse, une force mystérieuse nous éloigne l'un de l'autre. Si elle attend encore un peu trop, nous n'allons plus pouvoir nous parler, ses mots ne vont plus parvenir jusqu'à moi. À cet instant, je me dis même que nous n'allons plus nous revoir. C'est idiot, parce que je sais bien qu'elle sera là avec les autres, comme chaque fin du mois d'août, sous le cerisier et ses ombres, et qu'elle hurlera de nouveau : *rire mille ans !* C'est idiot mais je ne peux pas me défaire de cette impression. À force d'avancer à tâtons dans l'obscurité des années, nous n'allons plus retrouver la sortie. Alors je cherche quelque chose à dire. Elle me devance.

– Mummm. Je ne sais pas. C'est moins clair. Il se mord les lèvres. C'est un tic quand on se concentre, ça. On se dit aussi qu'il mesure l'effort qui l'attend… Ou peut-être qu'il a envie de casser la gueule de celui qu'il regarde. Tu vois, le genre petite frappe qui toise le rival : moi aussi, je vais te montrer ce que je sais faire.

– Ah ! Oui ? Tu crois ?

– Je ne sais pas. Ce que j'ai dit là, c'est si on s'en tient à l'expression de la bouche. Mais les yeux disent autre chose. Les yeux disent : bravo ! Bravo, mec, t'es le plus fort.

Elle a raison. Spiuma, une lueur rusée dans le regard, se gratte le bord des lèvres avec un air de maquignon satisfait de la bête qu'il présente au concours et du profit qu'il en tirera.

Il est dans la joie pure. Tandis qu'Alexandre est déjà ailleurs. Une partie de lui-même a quitté la salle.

Un détail m'attire. Je n'y avais pas prêté attention alors qu'il crève les yeux. Alexandre, à la boutonnière, porte une fleur blanche, même chose pour Roger Spiuma. Pas une rose, je ne crois pas, ni aucune autre espèce que je sois capable d'identifier. Je ne distingue même pas s'il s'agit d'une fleur naturelle. J'inspecte les autres personnages, les couples dont les habits ont cet aspect que seul laisse un séjour prolongé dans l'armoire, à la fois ils sont neufs et leur temps a passé. J'ai beau scruter, aucun n'arbore cet insigne qui paraît réservé à Alexandre et Roger Spiuma. *Comme à deux jeunes mariés,* me dis-je stupidement.

Je demande à Catherine :

– Mais au fait, ils regardaient qui ? Tu te souviens ?

– Comment, tu ne te souviens pas ?

À la façon qu'elle a de s'esclaffer, mon cœur se comprime.

– Je devrais ?

Elle laisse passer un temps. Le temps que cela dure, je vois un matin de pluie sur la ville livide, un samedi, une odeur confinée. L'odeur de la pluie sur l'asphalte, un peu fade, rien ne ressort. Puis je l'entends dire : *Mais enfin, c'était toi. C'était toi, bien sûr. Ils t'écoutaient prononcer un discours. Je me souviens, tu avais été brillant.*

Quand je me souviens de ces années, ce qui me frappe, c'est l'impression de vitesse. Nous parlions vite, nous pensions vite, nous changions vite de façon de penser. Je ne me rappelle plus précisément la première fois où l'un d'entre nous a adressé la parole à Roger Spiuma, peut-être est-ce d'ailleurs lui qui a fait le premier pas, mais cela n'a pas d'importance parce qu'au point où nous en étions, à force de nous observer en souriant dans ce café où nous avions nos habitudes, il était inéluctable que nous finissions par entrer en contact.

Il était seul à sa table. Toujours seul. Toujours à sourire sans raison, avec nonchalance. Se moquer de tout paraissait son passe-temps favori, l'air d'être là sans y être. La mollesse et l'abandon du corps qu'il affectait étaient cependant vite contredits. Je sentais en lui une puissance de bête.

Cela a dû se passer quelques semaines après que je l'avais remarqué pour la première fois, le jour où Alexandre et moi avions divagué du côté de la fontaine au crocodile. Quelqu'un a dit une phrase, tout est allé très vite. Presque chaque jour, nous nous sommes rejoints à la même table du même café de la Contrescarpe.

Il y avait là tous ceux qui allaient constituer par la suite la bande au cerisier. Cinq années se sont écoulées entre le moment de notre entrée à Sciences Po et notre installation dans la vie, pour Alexandre, ce serait l'Inspection des finances. L'époque était étrange. Nous étions tous de gauche et plus personne ne semblait savoir ce que ça voulait dire. Les grandes flambées politiques étaient passées, Mitterrand avait été notre Napoléon, son Waterloo remontait à 1993, la maladie et les scandales étaient son Sainte-Hélène. Il restait un Premier ministre dont le sort avait voulu qu'il ait une tête comme on en voyait dans les caricatures de Daumier. Mais justement parce que l'époque était malléable, j'en avais la certitude, nous aurions tout loisir d'y déposer notre empreinte.

Je me souviens presque chaque soir dans ma chambre de rires et d'éclats de voix dans l'appartement du dessus. Je me représentais des jeunes gens de mon âge qui lisaient la vie dans les livres et manifestaient une gaieté légèrement forcée. Quand ils parlaient haut et fort et que je me les imaginais faire plein de gestes, je sentais les heures de l'aube se tendre d'énergies folles.

Je croyais à la méthode, à la rectitude, à la netteté, le monde avait son explication, il était une machine. Une machine, aussi déréglée soit-elle, se répare. J'ai découvert trop tard que cette machine était folle. Qu'elle était satanique.

Je connaissais Laure à l'époque. Mais elle ne faisait pas partie du cercle qui fréquentait Spiuma, elle ignorait même son existence et le souvenir que je garde d'elle est qu'elle ne faisait que passer. Quelqu'un m'avait dit à son sujet, et l'image m'est restée, je me la remémore certains jours quand elle se tient devant moi à table : *Celle-là, elle a la rectitude et la finesse d'un fil à plomb*.

*

Tu sais qui c'est, toi, ce M. Spiuma ? m'a demandé Laure après qu'Alexandre a mentionné son nom l'autre soir à la télé. Heureusement, elle n'a pas attendu la réponse, parce que j'aurais été obligé de rester dans le vague et cette façon de faire l'aurait agacée. Est-ce que je sais qui c'est ? Je ne m'étais jamais posé la question de cette façon. La vérité est que j'ai connu autrefois un M. Spiuma dont je ne suis plus sûr de savoir qui il était.

Une image me revient. Un son, plutôt. J'entends un moteur ronfler. Un bruit sourd et régulier, encore lointain. Ronfler, c'est le mot, rien de violent, pas de menace. Mais le ronflement se rapproche.

Je marche au milieu d'une rue étroite et pavée. Une bande de ciel défile au-dessus de ma tête. Le trottoir n'est pas assez large pour que j'y marche d'un bon pas, j'ai préféré en descendre pour avancer à mon aise, balançant ma serviette en cuir à bout de bras.

Le ronflement se rapproche. Il laisse deviner la puissance derrière la régularité. Une puissance bridée, comme le fauve se ramasse sur lui-même pour mieux se catapulter, c'est à peine si l'on entend les vibrations sous le capot. Je me retourne. Une voiture vient dans ma direction. Elle se déplace avec lenteur en un long mouvement constant et rectiligne, l'air de glisser sur des rails. Je tourne la tête une seconde, pas davantage, mais je ne perds aucun détail. Une Américaine large et plate, aux ailes pointues, si large qu'elle passe à peine entre les deux bordures de trottoir.

Au moment où elle se rapproche, je tourne de nouveau la tête et cette fois, je distingue, derrière les moirures du pare-brise, l'intérieur de l'habitacle. Un seul occupant. Un homme dont je ne discerne pas le visage. Les inégalités entre les pavés donnent le roulis à la berline. Je remonte sur mon bout de trottoir et, dos au mur, serviette serrée contre ma poitrine, je m'immobilise le temps qu'elle passe.

L'Américaine stoppe à ma hauteur. Le coup de frein imprime à la caisse un mouvement dansant et un grincement s'échappe. La vitre s'ouvre côté passager. Penché sur le côté, Roger Spiuma m'invite : *Monte, je te ramène.*

Je m'installe sur le siège passager, ma serviette à mes pieds. Une odeur amère et médicamenteuse remplit l'habitacle. Roger Spiuma presse l'accélérateur et la voiture fait un bond.

Il est là, à côté de moi, il remplit tout l'espace entre le dossier du siège conducteur et le volant. Une mallette est rangée sur la banquette arrière. Il me voit y jeter un œil, suit mon regard, je ne dis rien, lui non plus. Je respire l'odeur chaude et piquante. Je me dis : *Ce n'est pas le genre d'odeur que je me serais attendu à trouver chez Roger Spiuma.* Et tout de suite après : *Si je fermais les yeux, j'imaginerais plutôt le cabinet de toilette d'une vieille dame.*

Nous n'avons jamais été si proches physiquement, d'habitude au café, il se tient de l'autre côté de la table. Peut-être la distance n'est-elle pas plus grande mais dans cette berline, nous sommes confinés.

– *Tes cours ?* demande-t-il en désignant d'un mouvement de tête la serviette en cuir à mes pieds.

– *Oui. Des révisions.*

Il m'a dit : *Je te ramène* sans savoir ni où je vais ni où j'habite. Du moins n'y a-t-il aucune raison qu'il le sache. Et moi, curieusement, au lieu de le lui préciser, je me tais. Je le laisse me *ramener* sans savoir où.

Il bifurque dans une rue tout aussi étroite que la première. Je me demande s'il circule toujours de cette façon, en diagonale entre deux avenues.

Il respire fort. Ses narines se dilatent. Il empoigne le volant à pleines mains, ses gros doigts serrés jusqu'à faire craquer les jointures.

– *Tu connais le Panoramic ?*

Il me pose la question comme si la réponse allait de soi. Cela m'irrite mais je n'en laisse rien paraître. Avant que j'aie le temps de répondre, il enchaîne :

– *Tu n'y es jamais allé avec Alexandre ?*

Je ne connais pas le *Panoramic.* Et je ne vois pas pourquoi Alexandre aurait eu des raisons de m'y emmener.

Roger Spiuma laisse la porte se refermer derrière nous. Les deux battants vont et viennent. L'intérieur de la salle baigne dans une clarté liquide. Une paroi de verre dépoli filtre la lumière de la rue. Je respire une odeur de café froid. La salle est vide, sauf une jeune femme attablée près de la paroi vitrée.

Roger Spiuma se dirige vers elle et il a un geste du bras pour m'entraîner à sa suite. Un cyclomoteur passe dans la rue et raie le silence. L'étroitesse entre les façades amplifie la stridence. Le bruit m'empêche de me concentrer sur le visage de l'inconnue.

– *Je te présente Mona,* dit Spiuma.

Je me rends compte, tandis que je me penche au-dessus d'elle, qu'elle est bien plus jeune que je ne l'avais cru de prime abord. Nous devons être à peu près du même âge. Nos regards se croisent mais je n'ai pas le temps de m'attarder. Je m'assieds.

Sans attendre de passer commande, Spiuma empoigne la théière posée devant la jeune femme et se sert un fond dans la tasse qu'elle a utilisée. Elle le laisse faire. Je pense au rebord de porcelaine sur lequel elle a posé ses lèvres, à l'odeur de sa bouche. Il traîne dans une assiette un reste de gâteau tranché par le travers. La cuillère est restée fichée dans l'épaisseur. Une pâtisserie mousseuse aux reflets ivoire. Je me demande si Spiuma ne va pas s'emparer de l'ustensile pour enfourner une bouchée. Je ne l'imaginais pas boire du thé. Mais il donne l'impression que la nature du breuvage n'a pas d'importance. Il a juste besoin d'attraper, d'avaler, de se remplir.

Ils se mettent à parler entre eux. Je suis un ami d'Alexandre, explique Roger Spiuma en me désignant, mais je ne parviens pas à comprendre s'ils se sont déjà rencontrés tous les trois, Spiuma, Alexandre et Mona, ou si Spiuma a simplement parlé d'Alexandre à la jeune femme. Je me dis : *Ils vont continuer à bavarder comme ça, entre eux, comme si je n'étais pas là,* et au fond cela me convient, parce qu'alors il y aura bien un moment où elle cessera de me fixer et où je pourrai la scruter à mon tour.

Des formes floues se croisent derrière la vitre dépolie. Celle-ci laisse passer la lumière mais pas les images. À nouveau, un cyclomoteur strie le silence. À cet instant, de façon inexplicable, une joie m'inonde, puissante et terrible. Je la sens monter de très loin, puis elle déferle. L'idée de la vie extérieure qui continue comme si de rien n'était, de ces gens qui vaquent à leurs occupations et nous frôlent sans se douter de notre présence à tous trois, Spiuma, Mona et moi, à quelques centimètres derrière notre paroi de verre, seuls dans la salle vide, frappés d'une clarté blafarde, cette idée-là me procure un plaisir sans limite. Jusqu'à l'odeur médicamenteuse que Spiuma a transportée avec lui depuis la voiture, qui me ravit sans raison.

Il se tourne vers moi :

– Mais au fond, Alexandre, qu'est-ce qu'on pourrait en dire ?

J'attends.

– Qu'est-ce qu'il faudrait en dire à Mona ? Comment tu lui dirais ça, toi ?

Sans attendre, elle intervient :

– Moi, ce que je dirais, au sujet d'Alexandre, c'est que vous êtes plus beau que lui.

À cette seconde, mes yeux se posent sur un coin de sa bouche. Un peu au-dessus de la lèvre supérieure, je remarque une minuscule tache. Ils continuent de parler, d'Alexandre, de moi, du café où nous nous retrouvons les fins d'après-midi et moi, je persiste à fixer la tache. Mon premier réflexe a été d'alerter la jeune femme, *excusez-moi, vous avez quelque chose,* d'attraper une serviette en prenant garde d'éviter tout geste brusque comme s'il n'y avait rien de plus naturel que de porter ma main à sa bouche pour la lui essuyer. Au lieu de quoi, je reste là à les écouter, les yeux fixés sur la salissure. Un petit éclat de pâtisserie. Comme une éclaboussure.

Tant de fois par la suite Mona et moi allions nous retrouver au café, au restaurant, dans une brasserie, chaque fois pour nous adonner au plaisir, mais chacun de notre côté d'une table. Cet après-midi-là au *Panoramic*, je m'en suis aperçu, elle cherchait à me faire parler de moi et Roger Spiuma à me faire parler d'Alexandre. Je ne sais pas pourquoi, dans ce salon de thé désert coincé dans une rue étroite dont j'ignorais jusqu'au nom, j'ai eu envie de lui faire plaisir à lui. Je lui parlais à lui, je la regardais elle. Elle, ou plutôt la miette égarée au coin de sa bouche.

À cette époque, il ne me paraissait pas étrange de déballer ma vie devant de parfaits étrangers, tout le monde faisait ça, me semblait-il, et je pensais que je n'avais rien à cacher. Je n'ai pas davantage de choses à dissimuler à mon âge, sans doute moins si j'y pense, mais sans savoir pourquoi, mon premier réflexe face à des inconnus est aujourd'hui de me taire.

J'ai parlé longuement. Si longuement qu'à la fin, la nuit se devinait derrière la paroi translucide. Des phares perçaient la surface dépolie.

Je leur ai raconté nos premiers mois ensemble à Sciences Po, la théorie générale du droit et l'organisation politique de l'État, Alexandre, la petite bande. Nous aimions que nos existences restent en débandade. Marcher dans la ville la nuit. Ne pas savoir chez qui nous mangerions le soir. Ne pas savoir ce que nous penserions le lendemain. Il n'y avait qu'à se pencher et se servir. Nous ne voyions pas pourquoi la vie aurait été autrement. Après quoi, par la suite, mais c'est une autre histoire, nous n'avons plus cherché qu'à la domestiquer.

Alexandre occupait une chambre louée par ses parents. Il venait de province. Avant d'entrer rue Saint-Guillaume, il avait échoué à Normale Sup. Au lycée, il avait été amoureux de sa professeure de théâtre et celle-ci lui avait dit un jour : *Va-t'en, va-t'en le plus vite possible, parce qu'un jour il sera trop tard, et ce jour-là, tu ne l'auras pas vu venir.*

La ville, c'était Laon. Alexandre avait cité le nom une ou deux fois, pas davantage. Laon, l'Aisne, les noms se confondaient, on n'était pas trop sûr, ces terres-là étaient dans un angle mort. Mais être originaire d'une ville que personne ne situait ne gênait pas Alexandre. Au contraire. Il était nu. Rien qui l'encombre. Libre d'endosser tous les rôles.

De ses parents, il parlait peu. Une phrase, pas davantage, quand la conversation s'y prêtait, mais il glissait vite à un autre sujet. Des fonctionnaires ordinaires, rien à se mettre sous la dent pour raconter une histoire. Pas infirmiers, pas enseignants, pas postiers. Plutôt attaché d'administration ou chef de projet territorial. On lisait l'intitulé et on ne pouvait pas se les représenter concrètement au travail.

Quand j'ai dit à Roger Spiuma qu'Alexandre évoquait très occasionnellement ses parents, et uniquement quand les circonstances l'exigeaient, il s'est penché par-dessus la table et a plissé les yeux.

– *Parce qu'il a honte ? Alors, il n'en parle pas ?*

– *Ce n'est pas ça.*

Je n'ai pas su expliquer. Alexandre n'était pas le seul parmi nous à se montrer peu disert au sujet de sa famille. Non que nous ayons honte ou quoi que ce soit à dissimuler. La vérité est que ça nous paraissait inutile. L'enfance, les parents, la famille, les Noëls, les dimanches, tout cela ne nous servait plus à rien.

Ce dont je n'ai pas parlé à Roger Spiuma, c'est des samedis après-midi qu'Alexandre m'avait racontés. Enfant, entre sept et douze ans, il passait après déjeuner trois ou quatre heures enfermé à lire et relire un livre d'aventure. Les guets-apens succédaient aux vengeances, les trahisons aux luttes de clans. C'était l'automne ou bien l'hiver. La nuit ne tardait pas à recouvrir en surimpression le jardin et les bois alentour. Les formes projetées par les arbres n'avaient plus rien à voir avec celles qui se distinguaient en plein jour, et elles se superposaient aux scènes du roman. Il venait toujours un moment où à force d'être confiné à l'intérieur de la même pièce et des mêmes mots, une image en recouvrant une autre sans totalement l'effacer, il en avait la nausée. Et en même temps, il éprouvait du plaisir à ce dégoût, ce brusque soulèvement du corps prisonnier de l'immobilité où il l'avait réduit. À cette heure-là, il n'y avait plus ni arbres ni ciel, seules étaient visibles une encre profonde et sous la surface, des taches plus sombres. Pareilles à des entrées de gouffres. Visage contre la vitre, où sa respiration déposait une buée qui apparaissait et disparaissait en rythme, incapable d'exécuter le moindre mouvement, il restait frappé de stupeur.

Je n'ai rien dit de tout cela à Spiuma. Pourtant, quand j'y repense, parmi tout ce que je lui ai raconté, c'est sans doute ce qui l'aurait le plus intéressé.

Chaque fois que je pense à Mona, je revois la brisure de gâteau au bord des lèvres. Étrangement, loin de gâcher sa beauté, le détail l'avivait. La miette humectée de salive aurait pu être une source de dégoût ou de ridicule. Elle éclairait le visage, pareille à un bijou.

*

Je ne me souviens plus comment j'ai su que Roger Spiuma était non seulement au Parti communiste, mais qu'il en était un des financiers. C'est en tout cas moi qui l'ai appris à Alexandre. Nous prenions un verre au *TournBride*, rue Mouffetard, après dîner.

– *Spiuma, il est communiste, tu ne le savais pas ? Pas juste un militant. Financier à ses heures. Si, je t'assure.*

Alexandre a sursauté. Passé l'instant de surprise, le temps de voir si je plaisantais, il a paru rentrer en lui-même et il lui a échappé une expression rieuse. Il ne me regardait plus. J'ai cru voir ses mâchoires se serrer et se relâcher trois ou quatre fois, comme s'il déglutissait. Mais ses yeux étaient vifs.

Il a fini par dire : *C'est exotique.*

Je n'ai pas précisé ce que voulait dire exactement *financier*, je n'en savais guère plus mais j'ai prononcé ma phrase d'un air suffisamment entendu pour qu'Alexandre n'exige pas de détails et il ne l'a pas fait. Il aurait eu trop honte d'avouer ignorer ce que tout le monde était supposé savoir.

Cela n'a rien changé à nos retrouvailles quotidiennes à la Contrescarpe avec Roger Spiuma, mais notre façon de le considérer s'est légèrement décalée. Tout à coup, cet homme à la peau trop rose et aux costumes d'une facture sans finesse nous a semblé échappé d'un univers occulte et sauvage. Très loin, très très loin du Paris de 1990.

– *C'est bizarre,* a dit Alexandre. *Mais il sait que tout ça, c'est fini depuis l'an dernier ? Il faut le prévenir que le Mur est tombé.*

Il a marqué un temps de réflexion, puis il a ajouté : *De toute façon, c'est vrai qu'il a l'air de quelqu'un qui s'est trompé de porte au moment d'entrer en scène.*

Mais en même temps, Alexandre continuait à sourire, et dans ce sourire, il entrait plus d'admiration que de moquerie.

*

La voix de Catherine crachote dans l'interphone : *Onzième étage, cinquième porte à gauche*. L'ascenseur m'emporte. Je sens la cabine racler les parois et comme chaque fois, je me représente le tunnel percé à la verticale entre les étages, ces vies traversées de part en part, moi, minuscule, propulsé en accéléré d'une vie à l'autre, d'un désir et d'une douleur à l'autre. Derrière le grincement des câbles et le frottement du métal contre la cage de béton, je perçois des sons. Ils proviennent de profondeurs lointaines. Des voix indistinctes, tantôt stridentes tantôt graves. Une sonnerie de téléphone. Une porte claque. Cela ne dure pas assez pour que j'identifie clairement une voix humaine. Mais je devine une présence, là, imprécise et mouvante, juste derrière la paroi. Imprécise mais intime. Comme si je frôlais un corps surpris à demi dévêtu dans les odeurs d'avant la toilette, ou l'odeur un peu rance d'une cuisine qu'on prépare et qui ne m'est pas destinée. Et sous mes pieds, la toute-puissance du mouvement qui me catapulte vers le ciel.

À la sortie de l'ascenseur, je mets un certain temps à m'orienter. De la moquette aux murs. Une dizaine de portes se découpent dans un décor rectiligne, sans aucune fenêtre. Au sol, les motifs de la moquette se répètent de façon symétrique.

La cinquième porte sur ma gauche est légèrement entrouverte.

Je la pousse doucement. Une voix : *Je suis là.*

Catherine prépare du thé. Elle a passé une tunique aux imprimés indiens qui lui descend aux genoux. Les vitres du salon-cuisine ouvrent en grand sur la ville onze étages plus bas. Elle a acheté de ces brioches juives qui font des plis moelleux comme un visage de grand-mère sur les images pour enfants.

– C'est gentil d'avoir eu l'idée de passer me voir.

Je m'assieds dans le fauteuil qu'elle me désigne. Elle continue : *Tu avais une réunion, tu es là pour plusieurs jours ?*

J'avais une réunion avec les directeurs de la banque, je repartirai demain matin par le premier train.

– Tu es juste resté pour me voir, alors.

Je la sais trop intelligente pour accepter ce mensonge. Je me relève, vais jusqu'à l'ouverture vitrée. On se croirait en plein ciel. À cette hauteur, la ville paraît aussi irréelle qu'un fond d'écran.

– Non, je ne suis pas juste venu te voir. Je suis venu parce que je voulais te parler de Spiuma.

– De Spiuma ? Qu'est-ce que tu veux me dire sur Spiuma ?

– En fait, j'ai plutôt envie que tu me dises des choses sur lui.

– Encore ?

– Oui, encore.

– Mais on en a déjà parlé l'autre fois au téléphone. Au sujet de cette photo, tu m'as posé des questions.

Le jour décline. Il pleut depuis des heures et maintenant le vent s'y met. Sur l'esplanade de béton tout en bas, les étals du marché du matin sont restés en place. Les rafales font claquer les bâches et culbutent les cahutes métalliques. J'aurais envie qu'on soit dimanche. J'ai envie de la tendresse d'un dimanche, de la douceur molle d'un après-midi au goûter.

– Ce dont je me souviens... Mais tu sais, ça fait plus de vingt ans, tout ça, ça commence à dater. Quand je dis vingt ans... Un quart de siècle serait plus juste.

Elle prend sa tasse et au lieu de la porter à ses lèvres, elle reste le bras à demi levé, le regard dans le vide. J'ai regagné mon fauteuil. J'observe son visage. La beauté des rondeurs et des plis. Elle aussi ne va pas tarder à avoir le visage d'une grand-mère dans un dessin d'enfant. Elle devine mon regard, tourne les yeux dans ma direction tandis que le reste du corps reste parfaitement immobile.

– C'est compliqué parce que ce sont juste des choses qui me reviennent. Des choses sans rapport les unes avec les autres.

Elle pose sa tasse. Le thé répand un parfum d'agrumes. À la première gorgée, j'ai trouvé l'amertume plutôt désagréable et j'ai cru ne pas finir ma tasse, mais maintenant je me laisse gagner par son côté entêtant. Juste la saveur qui convenait à ce moment de la journée tandis que devant moi les tours d'immeubles sont disposées en quinconce, et qu'une à une, les lumières s'allument aux fenêtres.

– Et je ne sais même plus qui me les a racontées.

Dans le minuscule appartement, nous sommes comme perchés au sommet d'une cabane. La nuit se mélange au jour. Des tentures ajoutent à la pénombre.

– Par exemple, tu savais que ses deux frères avaient été tués par les nazis ?

– Je ne me souvenais plus trop qu'il avait eu des frères. Je n'en ai pas entendu parler quand il est décédé. Il t'a raconté ça ?

– Non, Alexandre me l'a dit un jour. Il m'a dit : Ses deux frères ont été assassinés par les nazis. Et il m'a demandé si je croyais que Spiuma pouvait avoir inventé une histoire pareille.

– Tu lui as répondu quoi ?

– Je lui ai répondu que Spiuma n'était pas du genre à se vanter. Mais il n'empêche qu'il pouvait très bien avoir tout inventé.

– Quel intérêt ? Si ce n'est pas pour se mettre en avant ?

– Parce que c'était sa façon de vivre. Il était un produit de Jean Jérôme, tu sais.

Je me rappelle avoir entendu Spiuma prononcer deux ou trois fois le nom de Jean Jérôme. Un nom surgi d'un passé qui n'avait plus rien de commun avec les années 1990 de notre jeunesse. Un univers d'hommes sans visage, ou plutôt, ce qui revient au même, qui changeaient de visage en permanence au point de ne plus se reconnaître. Entre Judex et Fantômas, mais on n'y faisait pas semblant de tuer. On évoquait l'organisation B, le service de renseignement du Parti pendant la guerre. On se racontait des histoires de trésors de guerre confiés à des militants sûrs et enfouis au fond de leur jardin. Des sociétés d'import-export dont l'unique trace était une adresse en poste restante ou une boîte aux lettres au pied d'un immeuble vide. Si l'on payait Spiuma, ce devait être pour faire ce qu'il savait le mieux, se rendre méconnaissable.

Elle ajoute : *Il y a autre chose, maintenant que j'y pense. Je ne sais pas s'il faut y attacher de l'importance, ça ne me venait pas tout de suite à l'esprit, sans doute parce que ça remonte à une époque bien antérieure à celle où nous voyions Spiuma. Une époque où il ne nous connaissait pas encore.*

Nouvelle attente. J'ai attrapé un stylo. Il me semble que ce qu'elle va dire, si je ne le note pas, je vais l'oublier aussitôt, et si je m'en souviens, je ne serai plus sûr de l'avoir entendu pour de vrai. Cela m'arrive de plus en plus souvent. Certaines choses, je ne sais plus si je ne les ai pas inventées. Quand cela survient, je suis pris d'un début de panique que seules des notes écrites sont susceptibles d'apaiser. Peut-être un jour, mon état s'aggravera-t-il. Même les mots couchés sur une feuille de papier ne me paraîtront plus une preuve suffisante que ce que je vis existe pour de vrai.

Catherine hésite. Elle ne semble plus si sûre de continuer à me dire ce qu'elle a commencé.

Elle finit par lâcher : *Il y avait cette photo. Une photo prise à la fin des années 1970. Tu savais que Roger Spiuma avait fréquenté le Misty Moon ?*

Et aussitôt je pense, la fixant dans les yeux comme si les mots qui se forment dans ma tête pouvaient l'atteindre : *Mais si, tu sais parfaitement que ce que tu es en train de me dire est important. C'est même primordial.* Puis, l'instant d'après : *Mais qu'est-ce que je vais faire de cette vérité ?*

J'ai par le passé vaguement entendu parler du *Misty Moon*, boîte de nuit installée dans un centre commercial de banlieue, lieu de ralliement de la clientèle africaine et antillaise du Paris des années 1970 et 1980. Je ne sais même pas quand le lieu a fermé.

La place du Colonel-Fabien est située à une demi-heure de Montreuil. S'il allait au *Misty Moon*, et une photo en atteste, Roger Spiuma devait profiter de réunions du parti pour terminer la nuit dans l'ovale d'un laser tandis qu'autour de lui, la lumière s'affolait sur les corps. Le même homme qui citait des passages entiers de *Misère de la philosophie* ou de *L'Origine de la famille, de la propriété privée et de l'État* sans que jamais nous l'ayons pris en défaut, et ce n'est pas faute que nous ayons vérifié. Le Corse qui nous décrivait l'or du sable de ses plages natales et la façon dont les bulles du bouillon dans un ragoût doivent caresser la viande. Quelle explication peut-il y avoir à sa présence dans un tel lieu ? Les Roger Spiuma se démultiplient. Ça n'en finira plus, jusqu'à donner le tournis. Au début, quand j'ai commencé à me souvenir, l'image au-dessus de laquelle je me penchais n'était pas d'une netteté absolue mais il n'y en avait qu'une. Depuis, chaque information nouvelle que je collecte est une goutte qui tombe. Au moment où elle percute la surface, elle disperse le souvenir en une série de cercles concentriques. Quand les ronds dans l'eau ont disparu, les morceaux ne se recollent plus. Au contraire, ils n'en finissent pas de partir à la dérive. Et si je n'y prends garde, je vais partir à la dérive avec eux.

Dans une chemise cartonnée que me remet Catherine figurent une photo non datée prise lors d'une soirée dans la discothèque, et une carte de visite de l'établissement avec un numéro de téléphone, 857.16.97. Bêtement, j'ai envie de l'essayer pour voir. Je songe au nombre de fois où ont été pianotés sur un clavier ou composés sur un cadran les sept chiffres dans l'ordre, aux voix qui par leur truchement se sont retrouvées quelque part dans les ténèbres d'un espace souterrain du côté de Montreuil.

Je sors mon portable de ma poche et je me vois enfoncer les touches. À l'autre bout, quelque part, quelqu'un va intercepter l'appel et quand sera établie la communication, une voix me répondra et ce sera celle de Roger Spiuma.

Je ne sais pas ce que deviennent les voix quand un numéro n'est plus répertorié. Je les imagine suspendues dans les limbes, vouées à répéter jusqu'à la nuit des temps les mêmes mots, les mêmes suppliques, chargées des mêmes désirs, des désirs condamnés et des questions sans réponse. Des voix d'enfants perdus. Des voix d'enfants maudits.

*

Un soir, c'est l'hiver, Roger Spiuma brandit sa fourchette, qu'il tient entre le pouce et l'index. Quelques gouttes de sauce giclent. Je m'en souviens comme si c'était hier, c'était trois ans après notre première rencontre.

Il dit : *Retenez un peu ça.*

Les gouttes d'un brun rosâtre font flip-flop en tombant dans l'assiette.

– *Il y a un moment que tout le monde oublie, personne n'en parle, et pourtant, quand on sait manger, c'est l'instant nécessaire. Le grand secret. Si vous passez à côté, vous ratez tout.*

Il pique un lambeau de chair. Il pique une fois, deux fois, comme s'il voulait ressusciter la vie dans ce débris de viande. *Comme on le ferait pour exciter une bête,* pensé-je tandis que je fixe les pointes de métal.

– *Pensez-y tout à l'heure quand on va vous apporter la suite. Vous portez la nourriture à votre bouche mais la saveur ne se répand pas instantanément. Il s'écoule toujours un laps de temps, aussi bref soit-il, entre l'instant où la nourriture franchit vos lèvres et celui où la saveur se propage.*

Il enfonce la fourchette, retourne un morceau de gras et l'enfourne dans sa bouche.

– *Dans l'intervalle, la seule chose que vous éprouviez, c'est la consistance. Est-ce que ça fond ? Est-ce que c'est dense ? Caoutchouteux ? Est-ce que ça résiste ? Quelle épaisseur ? Le goût n'est pas encore là. Vous le devinez qui vient mais vous ne savez même pas si ce sera acide ou aigre, non, rien de tout cela, vous ne pouvez rien dire. Eh bien cet intervalle, la consistance mais pas encore le goût, c'est l'instant suprême. C'est l'expérience la plus extrême. Le plaisir de savoir que le plaisir arrive.*

Le rose aux joues est plus rose que de coutume. Il semble s'être frictionné la peau jusqu'à ce qu'elle soit à vif. S'y ajoute le reflet des tentures vermillon de la salle de restaurant.

Mona se tient à son côté. Elle sourit mollement. Elle porte un bracelet auquel pend, retenu par une chaînette, un anneau d'argent. Elle sourit comme pour remercier Spiuma de ses blagues, de ses interventions brillantes, de donner tout ce qu'il peut, de charrier tant de vie. Nous sommes une dizaine autour de la table. Alexandre est assis en face d'elle.

Il la regarde qui me regarde. Je me dis : *C'est comme l'autre jour au Panoramic, ce n'est jamais la bonne personne qui regarde et qui est regardée. Nous ne regardons pas qui il faut, nous ne disons pas les phrases qu'on devrait, nous ne les disons pas au moment où il le faudrait.*

Mona, très vite, je m'en rends compte aujourd'hui, nous avons pris l'habitude de guetter ses apparitions au sein de la petite bande. Dans ce restaurant, dans les cafés de la Contrescarpe, elle se tenait comme si elle était chez elle, le monde dans ses moindres finitions était fait à sa mesure. Comme un vêtement parfaitement ajusté dont elle aurait choisi la coupe et le cintrage. C'était d'autant plus troublant que la plupart du temps, elle restait silencieuse. Son visage parlait pour elle.

Les fauteuils sont gainés de cuir rouge. Une banquette dessine un fer à cheval autour de la table. Roger Spiuma occupe le centre. Le reste de l'étage est plongé dans une clarté bleu nuit et vert bouteille.

Je parle, on m'écoute. Spiuma m'écoute. Je le sens. Il continue de parler mais il m'écoute. Alexandre aussi. Les mots me portent. Je ne sais même pas ce que je dis. Je ne peux plus m'arrêter.

Quelqu'un, peut-être est-ce Catherine, je n'ai pas vu, ou bien Geneviève, la phrase est venue de l'extrémité de la table, prononce le nom de Bérégovoy. J'ai entendu le nom mais pas la phrase elle-même. Le nom a été chuchoté, sur le ton qu'on emploie en famille quand on parle d'un parent malade. On se croit obligé de baisser la voix comme si elle allait porter jusqu'à lui, quand bien même il se trouve à des kilomètres. On se contraint à mimer la discrétion, notre regard se voile et on tente de faire passer un air entendu. On masque le plaisir qu'il y a à parler du malheur.

Roger Spiuma lui aussi a entendu le nom. Il tend l'oreille. Il guette. Cela dure quelques secondes. Il attrape son verre, soulève sa fourchette. Il l'agrippe toujours de la même façon, comme une baguette de chef d'orchestre dont le mouvement imprime le rythme des mots.

Le nom de Bérégovoy revient peu dans nos conversations. Le petit homme à tête grise nous laisse un sentiment de malaise et de légère honte. Nous aimerions en faire notre Salengro mais une pudeur nous retient. Quelque chose nous fait peur en lui. Nous avons vingt ans. Nous avons envie de mordre, de frapper, d'attraper les idées à pleines mains pour les lancer en l'air à la façon de feux d'artifice. Nous visons le ciel. Atteindre le ciel d'un tir bien ajusté. Et lui, il est là, têtu et mutique au bord de son canal, avec son allure d'employé du gaz, son pistolet à la main qui vient gâcher la fête.

Autre chose nous met mal à l'aise, c'est que dans cette épopée, parmi les maréchaux de notre Napoléon, il en est un seul qui ait été ouvrier. Et c'est précisément celui qui s'est donné la mort. Des enfants d'ouvrier, nous n'en comptons pas parmi nous. Parfois, la nuit, tandis que nous hurlons serrés les uns contre les autres à notre table de restaurant, je le vois qui s'avance. Il ne dit pas un mot mais derrière les lunettes, le regard est terrifiant. Il nous accuse de faire semblant. De faire comme si les mots étaient des jouets. Il est comme ces cadavres qui se mettent à saigner en présence de leur meurtrier. Sa statue s'avance et prend notre main qu'elle embrase.

Je parle. Je continue de me regarder dans le regard des autres. J'ai vite appris cela, le pouvoir qui était le mien. Comme lorsqu'au collège, quelle que soit la classe, quelle que soit l'année, très vite on me choisissait pour composer une équipe. Cela venait tout seul, pas besoin de me mettre en avant, de dire le moindre mot. Les autres venaient à moi. Ce que je lis ce soir dans le regard de Catherine, Pierre ou Geneviève, c'est ce que je vais devenir. Quelqu'un qui du haut d'une tribune emportera une salle entière. Dont le verbe percutera. Quelqu'un qu'on aimera aimer. Et je le lis aussi dans le regard d'Alexandre. Moi-même, je le crois et je le veux.

– *J'ai trop mangé,* dit Alexandre.

– *Juste assez trop,* corrige Spiuma. *Il faut savoir juste assez trop manger.*

Spiuma continue d'agiter sa fourchette. Ses mâchoires pulvérisent les mots et la nourriture. J'imagine la puissance des molaires qui broient. La pression jusqu'à ce que l'aliment éclate. Il relance la parole. La distribue. Un signe de tête suffit. S'il tourne la tête de l'autre côté, celui qui parle s'interrompt et ne trouve plus rien à dire. Je vois des regards qui insistent. Une supplique muette. Des yeux cherchent.

Et toujours la fourchette qui danse. Elle paraît vivante. Elle fouette les mots jusqu'à les électriser.

Spiuma s'appuie au comptoir et sort des billets. Mona observe la nuit. Nous nous tenons à l'entrée du restaurant, dans une partie circulaire entièrement vitrée qui offre une vue à 180 degrés. Mona aime s'y poster. Passé un certain temps où elle reste immobile, la ville tourne autour d'elle, image après image. Des phares de voitures percent l'obscurité. Les voitures roulent vite. Les voitures la nuit ont toujours l'air d'aller vite. *Comme si les automobilistes cherchaient à fuir un danger,* lui ai-je dit la première fois que je l'ai surprise à guetter. *Ou bien comme s'ils avaient peur que le plaisir leur échappe,* a-t-elle répondu.

Il a plu tout à l'heure. Il reste des balafres sur la vitre et de petites gouttes dessinent des constellations. J'aperçois l'Américaine de Spiuma stationnée un peu plus loin le long du trottoir. L'autre jour, tandis que nous roulions sur les pavés, j'avais l'impression d'être à bord d'un bateau qui dansait sur les vagues.

Spiuma continue de discourir. Il cite le nom d'Altertourisme, l'entreprise qu'il dirige. Je me rends compte à cet instant qu'il ne parle jamais de lui. Ou bien d'une phrase, comme par inadvertance, avant de changer de sujet.

Il faudrait noter chaque phrase au fur et à mesure qu'il les prononce et les mettre bout à bout. Il a été contrôleur de gestion chez un gros industriel de la chaussure en banlieue parisienne. Il est de Campomoro en Corse-du-Sud. Altertourisme est une machine à financer le Parti communiste. Tout cela ne fait pas une histoire qui se tient.

Un lundi, dans le restaurant de la Contrescarpe où j'avais l'habitude de déjeuner, Mona était attablée seule. Je n'ai pas eu à réfléchir longtemps avant de l'aborder, il ne restait plus une place de libre sauf la chaise en face d'elle.

– Je peux ?

Elle n'attendait personne. Je ne sais plus de quoi nous avons parlé. De moi, sans doute, elle m'a questionné, et d'Alexandre et de la petite bande. Elle avait surnommé Catherine, *Catherine de Médisance* car à cette époque, Catherine ne résistait pas au plaisir de mordre. Mona portait le même bracelet que lors du dîner avec Spiuma, l'anneau d'argent suspendu à sa chaînette, à chaque mouvement du bras il allait et venait à la façon d'un pendule.

Sans que nous nous le soyons dit, le lundi suivant nous nous sommes retrouvés à la même table. Et tous les lundis d'après. Nul besoin de nous passer le mot, nous n'en avons pas manqué un seul durant toutes ces années. Elle était devenue ça : une silhouette obsédante et surnaturelle qui chaque lundi me faisait la grâce de son apparition.

J'ignorais la nature exacte de ses liens avec Spiuma, et quand j'ai interrogé Alexandre, je me suis aperçu qu'il n'était guère plus informé. Pour le reste, je savais si peu d'elle. Qu'elle était originaire du Sud, elle y était propriétaire d'une maison malgré son très jeune âge, et ce seul détail ajoutait à son étrangeté. Oh, et puis, elle travaillait dans une agence de communication, sans que je sache laquelle. Au lieu de m'éclairer, cela n'a fait qu'ajouter à ce que Mona avait d'indistinct. La communication, c'était pratique, cela voulait tout dire et rien dire. Un monde tout à la fois faux et élégant, c'était l'image que j'avais du métier, et il semblait que cette activité professionnelle qui n'en était pas vraiment une, avait été inventée tout spécialement pour elle. Pour sa bouche têtue et sa voix par instants teintée de lassitude.

La vérité est que je n'avais pas envie d'en savoir davantage. La seule Mona dont je voulais entendre parler était celle qui s'attablait au café parmi nous et regardait la nuit les images de Paris défiler derrière une verrière panoramique de restaurant, comme à l'intérieur d'une lanterne magique.

Alexandre nous rejoignait parfois après déjeuner. À cette époque, il n'avait pas choisi l'Inspection des finances, ce que je m'étais empressé de faire, mais la section internationale. Celle des rêveurs. Des gens qui avaient trop lu Kipling ou Somerset Maugham, qui n'étaient faits pour rien de ce qui se fait d'ordinaire. Être en poste à l'étranger dans une ambassade oubliée fournit le parfait alibi. La porte dérobée idéale pour qui veut s'échapper du couloir qui lui est assigné. Je m'étonnais de son manque d'ambition, je le lui reprochais, elle me mettait en colère. Lui se justifiait : *Tu fais croire que tu suis ton chemin dans la file, et sans que personne ait le temps de réagir, tu pousses une porte à l'écart et tu disparais*. Alexandre suivait aussi des cours de philosophie à Nanterre.

Nous avons fêté Carnaval. Alexandre et moi nous sommes affublés de moustaches postiches et d'un nœud papillon à carreaux, Mona s'est peint le visage en bleu et en argent. Elle a dansé. Je l'ai regardée faire. Elle dansait sans rien avoir à faire de la musique ni des regards autour d'elle. J'ai pensé à cette phrase entendue un jour : *Rien n'irrite plus un homme qu'une femme qui danse seule*. Nous avons fait les fous sur *Finally* de CeCe Peniston. Une musique chaude et confortable qui donnait envie d'être bras nus dans la nuit. Alexandre et moi l'avons regardée balancer son corps. Elle, elle épiait les formes nues d'un jeune homme sous sa robe de mandarin chinois. J'ai surpris son regard. Elle s'en est aperçue. Ma gêne l'a fait sourire, mais ce n'était pas un sourire complice. Un mélange de condescendance et de pitié, plutôt. Puis le visage s'est durci et je me suis senti comme un petit garçon auquel on dit qu'il n'a pas l'âge de jouer à certains jeux.

J'ai aussitôt posé mon verre et je me suis laissé aller à une glissade vers le centre de la pièce, grimaçant, le corps disloqué, levant les bras au plafond chaque fois que CeCe Peniston reprenait le refrain, *Enfin tu es entré dans ma vie, enfin tu es entré dans ma vie.* Bouche grande ouverte. Yeux fermés. Gonflant les joues à chaque passage de saxophone. J'ondulais du bassin et, bras tendus, semblais porter le ciel. Mona n'a pas réagi. Mais j'ai entendu des claquements de mains dans mon dos. Je n'ai pas eu à me retourner. Je savais que c'était Alexandre.

J'ai plus parlé en quelques mois que je ne le ferai le restant de ma vie. Je ne sais pas d'où sortait cette parole sauvage et sans limite. Ou plutôt, je le sais très bien : elle sortait de l'enfance, bien sûr. De l'enfance passée à se taire ou à parler tout seul.

Catherine singe un professeur sur son estrade, enchaîne une galerie de portraits mimés. Patrick et Françoise se taillent en pièces : *Je te dis que le troisième homme, ce sera Chirac*. On nous avait dressés à ça : devenir des machines de guerre à débattre, les orgues de Staline de la rhétorique. Quand j'y repense, je me dis que ce qui nous plaisait le plus, malgré nos airs de liberté, c'était de nous conformer à l'image qu'on attendait de nous. Oui, nous épiions nos reflets dans les vitrines des cafés et ce qui sautait aux yeux, c'était d'abord que nous étions contents de nous.

Un jour qu'Alexandre s'extasiait : *Tu as vu comme ils te parlent, tu es déjà ministre*, je lui ai demandé comment lui, se voyait dans l'avenir. J'avais rencontré un ancien de l'équipe

Bérégovoy, nous commencions à fréquenter des réunions politiques, nous soupesions, nous jaugions. Alexandre a haussé les épaules. J'ai pensé, et l'idée m'a fait peur en même temps qu'elle m'a électrisé, qu'à cet instant, si je lui avais donné un ordre, n'importe lequel, même le plus extravagant, son premier instinct aurait été de me satisfaire.

La veille, Mona lui avait dit : *Tu as des allures timides de petit garçon mais tu peux être terrible quand tu parles. Au fond je ne te connais pas.*

Il avait passé ses doigts dans ses mèches et sans ralentir le pas, les yeux fixés sur le bout de ses chaussures, il avait murmuré : *Ici, à Paris, tu es celle qui en sait le plus.* Le trottoir était jonché de feuilles mortes racornies. Mona sans prévenir est entrée dans une pâtisserie pour aussitôt en ressortir, une part de tarte aux pommes à la main. Elle nous l'a tendue et tous deux, nous avons mordu dans le même gâteau qu'elle.

La table débordait de papiers. La première question que m'a posée Alexandre : *Alors, tu as trouvé quelque chose ?* Je l'ai fait lanterner un petit temps avant de lâcher : *Je sais qu'il vient d'un lieu-dit en Corse qui s'appelle Tradicettu sur la commune de Campomoro. Une expression locale dit : Campomoro, lieu triste, repaire de renards et d'ennemis du Christ.*

– D'où tiens-tu tout ça ?

– Il y a des étudiants communistes à Sciences Po.

Il aurait été plus simple d'interroger directement Roger Spiuma sur les détails de sa vie. Mais nous sentions que nous aurions beau faire, l'essentiel continuerait de nous échapper, même si nous étions loin de soupçonner l'épisode du *Misty*

Moon. Pour approcher de la vérité, si elle existait, il fallait nous contenter de quelques phrases prononcées tard dans la nuit au *TournBride* ou à *L'Irlandais*. De petites étincelles qu'il fallait se dépêcher d'attraper. Elles jetaient une lumière vive mais leur éclat durait moins d'une seconde.

Il était entré au Mouvement de la Jeunesse communiste en 1957, un an après Budapest, c'est-à-dire à une époque où tout le monde fuyait le parti. Il avait été pion à Henri-IV. Il devait avoir dans les soixante ans. Nous avions beau nous être assurés de la véracité de chaque fait pris isolément, cela ne suffisait pas à composer un ensemble clair et cohérent.

Alexandre s'est penché vers moi et il a murmuré : *Tu sais qu'il porte en permanence un flingue sur lui ?* Aussitôt après, il a eu un mouvement de recul et s'est tu, comme s'il regrettait d'avoir laissé échapper cette confidence. Je me suis demandé s'il n'aurait pas préféré la garder pour lui, non pas par souci de discrétion, mais pour le plaisir égoïste d'en jouir tout seul en secret. Ses yeux ont brillé d'un éclat que je lui avais rarement vu. Il a hoché la tête une ou deux fois en silence, puis à deux reprises, il a fermé les paupières, comme s'il cherchait à mesurer la portée de ce qu'il venait de dire.

Ce soir-là, j'ai compris qu'Alexandre en savait plus qu'il n'avait dit au sujet de Roger Spiuma. Et que tous deux se voyaient hors de ma présence, dans les bars de nuit de la Contrescarpe.

Aux rendez-vous du lundi, s'est vite ajoutée une autre habitude, aller au spectacle le soir avec Mona. Après quoi, je la raccompagnais, puis je rentrais à pied. Je marchais dans

Paris désert. J'aimais cela. La ville était en ordre, silencieuse, comme à disposition. Chaque fois, quand je passais devant un immeuble, juste avant d'atteindre la Seine, je notais une fenêtre éclairée de mauve. Ce n'était pas la clarté d'une veilleuse. La lueur était violente. Comme un phare. Derrière, je croyais voir se balancer une forme, même si aujourd'hui, dans mon souvenir, je ne suis plus si sûr. Mais chaque nuit où il m'est arrivé de rentrer à pied, mon itinéraire me conduisait devant ce même immeuble, et chaque nuit la lueur était là. Un violet lavé de blanc. Je ne sais pas pourquoi j'avais fini par me persuader que cette lumière restait allumée à mon intention. Je n'aurais pas été étonné de la voir s'éteindre sitôt mon passage.

2.
FAIRE TROTTER LES JAMBONS ET VOLER LES GOBELETS

Je retourne voir Catherine. De nouveau, je la fais parler. Elle prend un air comme si tout cela l'ennuyait un peu. De vieilles histoires sans grand intérêt, c'est ce qu'elle semble penser à chaque question que je pose. Je lui répète que même les choses sans importance m'intéressent. Alors de temps en temps, pour satisfaire ma faim, elle consent à un effort.

– *Il avait aussi cette manie, tu te souviens, de nous lire un passage du* Droit à la paresse. *Il l'emportait chaque fois que nous allions au restaurant,* rappelle-t-elle. *Alexandre adorait ça. « Faire trotter les jambons et voler les gobelets ! » Comme les gosses qui réclament qu'on leur lise toujours le même conte.*

La voix se fait ironique et je me souviens du surnom dont l'avait affublée Mona, *Catherine de Médisance.*

– *Il devrait en lire des pages à ses experts économiques, ça les changerait. Tu as vu l'autre jour sa déclaration : « Ne cherchez plus un patron, cherchez des clients », « Il y a la politique des fainéants, et celle des artisans. »*

Je me lève et vais à la fenêtre. La nuit est tombée. Je tourne le dos à Catherine.

Je dis :

– Ça fait bientôt une heure que je suis là et tu ne m'as même pas demandé pourquoi je voulais tellement qu'on parle de Spiuma, ces temps-ci.

– Oui, c'est déjà ta deuxième visite, il y a eu ce coup de téléphone l'autre fois.

Le coup de téléphone au sujet de la photo où se côtoient, épaule contre épaule, Spiuma et Alexandre, fleur à la boutonnière.

Elle ajoute :

– Au fait, tu sais, ce jour-là, j'ai oublié de te dire mais après que j'ai raccroché, j'ai eu un moment d'hésitation. Je me suis demandé si je ne confondais pas. Si finalement, la photo n'avait pas été prise à mon mariage.

Elle voit mon air interloqué.

– Oui, Alexandre et Spiuma étaient là, à mon mariage. Spiuma a été mon témoin.

– Excuse-moi, je ne me souvenais pas.

Elle rit.

– Ce n'est pas grave. Moi-même, il m'arrive d'oublier que j'ai été mariée.

Elle marque un temps d'arrêt. Puis : *Mais tu sais, Spiuma, moi il ne m'intéresse pas vraiment. Il ne m'a jamais intéressée. C'étaient des histoires de garçons tout ça.*

Je presse le bouton. Les portes de l'ascenseur se referment et aussitôt je plonge à la verticale dans les entrailles de l'immeuble, ses soupirs échappés, ses dizaines de vies traversées à toute vitesse. Dans les minutes qui viennent, je vais me précipiter sur l'esplanade cinglée par l'averse, tandis que du haut de sa vitre Catherine me suivra des yeux. Je me hâterai plus qu'il ne faut et elle ne me lâchera pas du regard tant que je ne me serai pas engouffré dans la première bouche de métro venue, comme pour vérifier que j'ai bel et bien disparu dans la nuit, moi et toutes mes questions. Je le sais aussi, l'été prochain, lors du rendez-vous sous le cerisier, ni elle ni moi ne ferons allusion à notre conversation.

Tout à l'heure, tandis qu'elle me reconduisait dans le couloir de l'appartement, elle a eu un léger sursaut et son visage a perdu l'expression d'ironie bienveillante qu'elle conservait depuis le début. J'avais entrouvert la porte. Son visage dans l'étroitesse du passage, se tenait à quelques centimètres du mien. Elle a murmuré : *Évidemment, tu ne peux pas aller le voir pour ça, mais c'est Alexandre qui t'en parlerait le mieux.*

J'ai été sur le point de lui demander pourquoi, mais j'ai senti que mieux valait la laisser venir.

Elle a réfléchi, puis elle a ajouté : *Tu vas trouver bizarre ce que je vais te dire, mais ces deux-là m'ont toujours fait l'impression d'avoir passé un pacte.*

– Qu'est-ce que tu veux dire ?

– Tu m'aurais posé la question il y a deux semaines, je n'aurais pas su te dire précisément. Mais l'autre jour, je suis tombée sur Alexandre à la télé, cela n'a rien d'extraordinaire, on ne voit que lui, en ce moment, mais il a eu une expression étrange sur le visage et je me suis aperçue que ce n'était pas la première fois. Chaque fois qu'il s'exalte un peu, cette mimique lui revient. Et j'ai cru revoir Spiuma. La même façon de détacher les syllabes, le même dessin sur les lèvres. Spiuma le promenait partout dans Paris dans son Américaine, il se réjouissait de ses succès auprès des femmes et chaque fois, il avait

l'air de dire : regardez-le bien, parce qu'il est mon œuvre. Oui, Spiuma, quand il était avec Alexandre, il avait l'air de Dieu qui vient de créer le monde.

Puis, au moment où elle allait pour de bon refermer sa porte, elle a demandé : *Au fait, tu t'es renseigné sur le* Misty Moon ? La question semblait fortuite. Un détail qui lui serait revenu à la dernière minute. Mais je savais bien que non.

Non, je ne me suis pas renseigné. Mais chaque soir, depuis que Catherine m'en a parlé, je m'imagine la scène. Blazer bleu, pantalon de flanelle, Roger Spiuma, verre à la main, reste statufié. Il y a ce que montre la photo et ce qu'on imagine. Il tient un verre mais ne boit pas. Il ne danse pas. Il se meut au ralenti. Puis la seconde d'après en accéléré. Le faisceau laser qui perce la salle accentue le décalage. Parfois, Roger Spiuma paraît aller plus vite que la musique, la seconde d'après, il bouge dans une lumière cotonneuse. La taille haute du pantalon et sa largeur accentuent l'impression de flottement. Roger Spiuma flotte dans mille trois cents mètres carrés de béton. Des centaines de Noirs voltigent autour de lui, habillés en toreros ou en princes gitans, affublés de colliers et de bagues, de galons et de volants. Il ne paraît pas les voir. Il ne paraît pas voir l'élan animal. La parade. La musique qui cogne. L'échafaudage de tubes métalliques sur lequel tout à l'heure va monter l'orchestre. La sueur qui colle les chemises aux poitrails. L'urgence. C'est ce qu'il voit, l'urgence. Il faut se dépêcher. Jeter ses bras en l'air. Faire tourner son bassin. Ne plus être un corps en entier. Ne plus être qu'un mouvement de la main, un coup de reins, être réduit à cela dans la chaleur infernale. Les danseurs déplacent l'air. Ils boxent dans le vide. Ils boxent le monde autour d'eux. Ils tapent, percutent, pour obliger le monde à s'apercevoir qu'ils sont là. Leurs formes sont pleines et précises. Passé un certain âge, Roger Spiuma s'en est fait la remarque, les lignes deviennent floues, les corps se fondent dans la masse anonyme. Mais eux, ils sont là, ils existent et découpent la lumière.

Un homme passe, blouson de cuir noir sur une cuirasse de centurion. Un homme passe, barbe bouclée, en smoking. Une femme passe, bandeau noir de pirate, blonde taillée en brosse.

Hommes, femmes, garçons tournent en rond au pied de l'échafaudage. On pourrait se croire sur une place de village à l'heure de la promenade, le même va-et-vient désinvolte, la même douceur et le même abandon. Quand, subitement, quelqu'un précipite quelque chose. On ne sait pas ce qu'il a fait, personne ne saurait le dire. Cela a tenu à un geste, un regard, une façon de pencher la tête, de déplacer la jambe, on ne sait pas mais la seconde d'après, c'est comme s'il avait craqué une allumette, on se renifle, le souffle est court, tout est affaire de vie ou de mort, le frôlement le plus innocent, la moindre caresse, les corps flambent.

Roger Spiuma a stationné son Américaine le long du terrain vague. Il a traversé une friche entre des palissades, suivi une passerelle en bois au-dessus d'un chantier. Il a descendu le large escalier de béton comme on s'immerge dans l'océan sans savoir même si on a pied. Un océan de corps, de visages maquillés, de torses striés, de plumes, de grigris, de revers de satin. Les pantalons larges claquent à chaque pas. Une veste rouge à liseré blanc. Un veston léopard. La sono est énorme. Une bête monstrueuse, le nouveau dieu Baal *chevaucheur de nuées*. Les murs halètent à son rythme. Ils se rétractent. Se distendent. Elle est là dans son antre, sol d'asphalte, murs de béton brut, elle est le cœur battant des abysses.

Au dos de la carte de visite est dessiné un plan sommaire de Montreuil. *Prendre soit par la place de la République (par la porte de Bagnolet) soit par le boulevard périphérique jusqu'à la porte de Montreuil. Ensuite, route de Paris, entrer dans Montreuil. Grand carrefour tout droit, place du général Gallieni.*

Une flèche tracée au stylo part d'une avenue et désigne un carré près d'une galerie marchande et d'une station-essence. Quelqu'un a écrit : Le *Misty Moon*. On croirait un jeu de piste. Je reste de longues minutes à observer la flèche. Elle m'invite à la suivre si je veux en savoir plus, traversant les années elle en déchire les chairs. Pique jusqu'au cœur. Quand les ouvriers à peau d'ébène, habitués le jour à manier le marteau-piqueur, gardaient imprimés dans les biceps et les cuisses le tressautement infernal de la machine pour danser jusqu'à l'aube. *Get up, get on up, get up. Stay on the scene like a sex machine.* Les réprouvés sapés en milords. Les éboueurs. Les vendeurs de breloques. En communion la nuit avec les noctambules qui avaient fait sauter la digue du périphérique et débarquaient en Rolls, déguisés en clochards. Ce qui n'aurait pas dû arriver était arrivé. Une déflagration comme lorsqu'on met deux corps chimiques en contact. Et dans cette foule saccadée, Roger Spiuma, lui non plus n'avait rien à faire là. Se peut-il qu'il y ait eu des années où chacun s'évertuait à être où il n'aurait pas dû ? La musique bat. La musique avance toute seule. Ce ne sont plus des gens qui dansent sur de la musique. Ils sont la musique, la musique s'est incarnée en nerfs, en muscles, en sueur. Les positions inouïes que prennent les corps dictent la pulsation. Il s'échappe des plaintes, des gémissements. Une main ondule, une tête se renverse, une jambe se contracte, et cette main, cette tête, cette jambe précipitent un jeu de cymbales. Et au milieu se tient Roger Spiuma, blazer bleu, pantalon de flanelle, statique, balayé par l'ovale du laser. Le visage d'habitude rose vif est marbré d'ombres. Il se tait. Il semble avoir été oublié là. Un seul de ses regards suffit à contenir les milliers de corps possédés, entassés dans le temple de béton. Il est comme une caméra. Chaque seconde, il l'enregistre. Chaque seconde, il lui donne vie.

Catherine dit ne plus se souvenir d'où lui viennent précisément cette photo et la carte qui l'accompagne. Il y a bien des années, elle les avait trouvées, avant de les oublier, dans une liasse de papiers appartenant à Spiuma, qu'il lui avait confiés pour les besoins d'une thèse qu'elle préparait. À l'évidence, elles s'y étaient glissées par erreur. Depuis, elles dormaient au fond d'un tiroir, explique-t-elle. Quand elle me les remet, elles me font penser à un rapport de police. Je me demande si à une époque, Catherine a constitué sur chacun de nous un dossier du même genre. Peut-être nous a-t-elle mis en fiches. Peut-être une partie de nos vies sommeille-t-elle chez elle au sommet de sa tour, tout au fond d'un placard.

Je ne lui en ai rien dit mais hier, je me suis rendu aux archives de Seine-Saint-Denis, pour consulter le fonds déposé par le PCF. J'ai passé au tamis une liste de noms, cela m'a pris des heures, avec l'impression de m'enfoncer toujours plus au cœur d'un continent englouti, une carte sans échelle ni légende où seuls quelques contours apparaissaient sur fond blanc. Ces dizaines d'hommes et de femmes qui de leur vivant avaient tout donné à leur parti, leur foi était telle qu'au moment de mourir, ils lui ont offert l'ultime chose qu'il leur restait, la mémoire. Ainsi, même après leur mort, jusque dans l'au-delà, ils continueraient à lui appartenir dans ce qu'ils avaient eu de plus intime pour renaître sous une autre forme. Leurs restes décomposés, ces dizaines de lignes d'écriture tracées à la main ou tapées à la machine, fertiliseraient l'avenir. Notes manuscrites, correspondances, coupures de presse, brochures, cartes de visite, projets de résolution, propositions de charte, procès-verbaux de réunions, bilans d'activité, des bulletins scolaires aussi, autant de papiers bons à jeter, mais qui prenaient dans le silence et le vide de cet après-midi en solitaire un relief singulier, j'en ai eu des frissons. On s'en étonnera mais après tout, les musées sont remplis de petites cuillères ou des pires babioles, jusqu'à des restes alimentaires, à Pompéi on conserve de la chair de poire et des figues fossilisées, qui malgré leur insignifiance nous donnent le vertige, à cause de la distance creusée par les siècles. Les notes les plus anciennes que j'ai consultées hier ne remontaient pas à plus de cinquante ans mais je me suis fait l'impression de déambuler à travers une cité antique et ses décors domestiques.

J'ai eu un coup au cœur en découvrant le nom d'Altertourisme dans les dossiers déposés par un parlementaire en 1978 et conservés sous la cote AV mais j'ai eu beau relire les mots un par un, nulle trace de Roger Spiuma. Pas davantage dans l'index des noms propres, qui passe directement de Soria à Téry.

*

Roger Spiuma tient le livre ouvert. Sa grosse main aux doigts courts écarte les pages. Il lit à voix haute : *On organisera alors de grandes réjouissances humaines au cours desquelles les communistes et les collectivistes feront aller les flacons, trotter les jambons, voler les gobelets. Il y aura des représentations théâtrales toujours et toujours.*

Après toutes ces années, j'ai gardé la phrase en mémoire. Pas seulement les mots eux-mêmes mais la façon de détacher les syllabes. Roger Spiuma relève la tête, soulève le livre et le retourne pour que nous apercevions la couverture : *Le droit à la paresse* de Paul Lafargue. Alexandre se tient à son côté. Ses dents brillent. Il répète : *Faire trotter les jambons et voler les gobelets !* L'éclairage au premier étage du restaurant accentue sa pâleur. Les serveurs apportent les plats. Une pièce de charolais en sauce.

Alexandre dit : *Ça doit cuire à feu doux.*

Roger Spiuma corrige : *Plutôt un effleurement. Il faut que les bulles crèvent à la surface du bouillon et s'en aillent caresser la viande.*

Spiuma, comme chaque fois, pique violemment la viande d'un coup de fourchette. Il se tient plaqué contre le rebord de la table. On pourrait croire qu'il va se lever d'un bond et arracher le meuble du sol en faisant voler verres et couverts à travers la salle.

Sans que ça ait de rapport avec la conversation antérieure, il interroge Alexandre sur son enfance.

– Heureuse ?

Alexandre relève la tête.

– En fait, je ne sais pas.

– Comment ça, tu ne sais pas ? Ce n'est pas nous qui allons savoir à ta place.

– Ni heureux ni malheureux. J'avais l'esprit occupé par des choses que je ne comprenais pas.

– Quelles choses ?

Je pense : *Si c'était moi qui lui posais la question, Alexandre répondrait d'une phrase, puis il resterait sans prononcer un mot.*

Alexandre hésite, cherche les mots. Sourcils froncés, il explique : *Je ne comprenais pas ce que les membres de ma famille faisaient ensemble. Mes parents mais aussi mes oncles, mes tantes, mes grands-parents. Personne ne semblait aimer personne. Ni détester non plus, d'ailleurs. Il semblait qu'on avait pris des passants dans la rue au hasard pour les réunir sous le même toit sans qu'ils aient de raison particulière de cohabiter.*

Spiuma lui verse un verre de vin à ras bord.

Il dit : *Moi, mon père, je l'ai vu un jour déboîter les deux épaules d'un type qui lui manquait de respect, et le laisser là, bras ballants, bondissant sur place de douleur. Des bonds d'un mètre de haut.*

La bouteille fait le tour de la table. Spiuma a laissé tomber la veste. Les mots filent à toute vitesse. Je me redresse sur ma chaise. Spiuma interroge Alexandre sur ce qu'il veut faire après Sciences Po. Alexandre ricane.

– Je ne sais pas…

Il se tourne vers moi.

– Lui, il sait. Et il a raison de le savoir. Parce qu'il est le plus brillant d'entre nous.

Il attend visiblement que je le relance d'une phrase mais je laisse venir. À ce moment, cela m'amuse de voir comment il va s'en sortir.

– Il est fait pour ça. Il est beau. Il sort du commun. Quand il parle, les mots portent. Il sera ministre ou quelque chose du genre. Tout le monde le sait.

Je jette un œil à Mona le temps qu'Alexandre parle. Nos regards se croisent mais je ne parviens pas à déchiffrer son expression. Elle picore des morceaux de banane et d'orange à la façon d'un oiseau exotique. Je n'ai pas le temps de répondre, Roger Spiuma se tourne dans ma direction :

– *De toute façon, toi, tu es de passage.*

Je ne suis pas sûr de saisir le sens de sa remarque. Le visage de Spiuma se détache sur le bleu nuit de la salle. Il en paraît plus rose.

Les autres non plus ne paraissent pas comprendre ce que veut dire la phrase. Par prudence, ils se taisent. Je les vois qui guettent les réactions autour de la table.

Je dis : *Sur cette terre ?*

Tout le monde s'esclaffe. Spiuma ne dit rien mais me décoche un regard qui veut dire : *Bien joué.*

Alexandre enchaîne : *Il y a un temps où je voulais être le Balzac de mon époque. Parce qu'après tout depuis 1993, c'est comme si nous vivions sous la Restauration. Mais aujourd'hui, je ne sais plus.*

Et en effet, il n'a pas l'air de trop croire à ce qu'il dit.

Quand le nom de Balzac a été prononcé, Spiuma a rosi davantage. Il jette un bref coup d'œil de part et d'autre comme si quelqu'un l'épiait. Plus précisément comme si quelqu'un allait sortir de l'ombre, s'avancer jusqu'à lui par-derrière et poser sa main sur son épaule : *Je sais qui tu es !*

Spiuma lève haut sa fourchette pour intimer l'ordre à Alexandre de se taire, puis après avoir poussé son assiette de côté, il se penche un peu plus, visage tendu, mains à plat, coudes relevés dans la position de celui qui prend appui pour se jeter en avant. Aux épaules, les coutures de la chemise sont prêtes à craquer.

– Ambition sans objet. Balzac, le relire suffit. De quoi nous parle-t-il ? De la Restauration ? Si ce n'était que ça, il y a bien longtemps qu'il ne serait plus lu que par les spécialistes. Il parle de toi, de moi, de Mona, point final.

Il se penche davantage. Le bassin cassé en deux à la hauteur du rebord de la table, son buste presque couché. J'imagine sous la chemise la carcasse et l'odeur médicamenteuse.

– Balzac savait que tu existais, et moi aussi, et nous tous autour de cette table. Les gens comme lui ont des facultés paranormales, ce sont des médiums. Il savait que nous serions là ce soir et ce que nous allions dire. Et chaque fois que l'un de nous ouvre ses pages, Rastignac et Vautrin s'en échappent, ils reviennent d'entre les morts, prêts à nous sauter dessus pour becter de la chair fraîche. Ils ont dix mille vies : tout comme les vampires.

Cette fois-là, après que Roger Spiuma comme de coutume a réglé l'addition, nous avons fini la soirée à *L'Irlandais*, et tandis que nous nous tenions serrés dans la demi-pénombre, je me suis souvenu de ma conversation avec Alexandre, l'après-midi où Mona avait acheté une part de tarte dans laquelle elle nous avait offert de mordre.

Il m'avait expliqué que depuis sa prime enfance, sans qu'il se l'explique, lorsqu'il lisait un livre ou regardait un film, son cœur battait pour ceux qui n'avaient pas le beau rôle. Les méchants, les traîtres promis à un châtiment épouvantable, il ne les lâchait pas du regard, et il les trouvait d'autant plus beaux qu'à la fin était atroce leur supplice.

Cela remontait aux samedis après-midi durant lesquels des heures entières, agenouillé sur le tapis du salon familial, son regard divaguait comme à travers les allées d'un parc parmi les motifs persans aux tons moutarde et d'un bleu presque noir.

Il venait toujours un moment où il relevait la tête et stupéfait, s'apercevait que derrière la baie vitrée la nuit avait surgi, et ses arbres animés de mouvements monstrueux. Alors Alexandre voyait galoper les guerriers apaches aux cuisses de cuivre et les rois oubliés d'avant les Carolingiens. Il voyait la furie bariolée des corps, il était une force rude, dans un paysage d'avant l'homme. Un paysage pas encore né, qui n'attendait qu'une grande secousse pour s'extraire de sa gangue et que ressortent ses couleurs. Il déambulait dans un couloir aux multiples détours, le long duquel, dissimulés dans l'ombre, là où le passage dessinait un coude, des êtres l'attendaient, incroyablement vivants et incroyablement dangereux, d'une beauté monstrueuse. Ils l'attendaient pour l'attirer à eux. Leur puissance était brutale et inexpliquée. Il n'allait pas pouvoir s'y soustraire.

Lorsqu'il parcourait les encyclopédies, il hâtait sa lecture quand étaient abordés les Romains ou les Égyptiens, pour s'attarder dans des corridors moins éclairés, la Mésopotamie ou les royaumes saxons d'Angleterre. Ces écarts, la force noire qui en émanait, étaient la source d'un plaisir d'autant plus dévastateur qu'il ne s'en expliquait pas l'origine et qu'il ne pouvait la partager avec personne. Les Romains et les Grecs étaient trop familiers. Ce qu'il lui fallait, c'étaient des peuples jeunes et violents, carnassiers et voluptueux.

J'ai repensé à ce que m'a dit Catherine, les réseaux Jean Jérôme, les financements occultes, les hommes sans visage. Quelque chose ne va pas. Cela ne s'emboîte pas. Ce n'est pas que Roger Spiuma ait joué un rôle clandestin qui intrigue. C'est qu'il l'ait fait à une époque où cela n'avait plus de sens. Entre 1993, année où ont été balayés les derniers débris de ce qui avait été un rêve de gauche, et 1997, où ce mirage a paru ressurgir dans toute sa pureté, il s'est écoulé seulement quatre ans, mais ces quatre années, placées en plein cœur de la décennie, ont été un trou noir qui l'a avalée tout entière. Un objet non seulement incapable d'émettre la moindre lumière mais empêchant tout rayonnement autour de lui. Je suis tombé l'autre jour sur un article d'astronomie auquel je n'ai pas compris grand-chose mais un chapitre était intitulé : *Horizon des événements* et j'y ai lu cette phrase : *Près d'un trou noir, les effets de la dilatation du temps sont considérables. À cause de cet effet, la fréquence des rayons de lumière va devenir plus basse.*

*

Elle a enlevé son pull sans prévenir. Un pull épais, qui devait tenir chaud. Elle l'a attrapé par le bas et l'a relevé par-dessus la tête, dévoilant les seins sans que je m'y attende. Une seconde, le temps que passe l'encolure, son visage est resté dissimulé sous la laine. J'ai réfléchi à ma réaction lorsque de nouveau, nos regards se croiseraient. Je ne devais pas me montrer surpris, ni exprimer un désir trop brutal, je ne devais ni me détourner ni fixer son corps. Mon cœur s'est déchaîné. J'ai eu peur qu'elle l'entende. J'aurais voulu serrer ma poitrine à deux mains.

Il avait plu, une pluie battante, elle nous avait surpris boulevard Sébastopol. Nous avions couru jusque chez mes parents en leur absence. Mona tenait à la main un exemplaire de *Libération* dont elle s'était fait un chapeau provisoire sur le rebord duquel était lisible la manchette, *Canal + du porno aux Guignols*. L'eau collait les pages et sur les photos déformait les visages de façon grotesque. Elle y mettait des larmes et étirait les traits. Le papier faisait des cloques.

Elle m'avait demandé si je pouvais lui prêter un pull. J'étais allé le chercher dans ma chambre. Quand après avoir refermé la porte de l'armoire, je m'étais retourné, elle était là, elle m'avait suivi en silence, l'air de s'être déplacée sans le moindre mouvement.

Le temps que l'encolure du chandail passe le nez, puis le front, lui masquant le regard, avant que je me détourne pour masquer ma réaction, j'ai fixé sa poitrine. J'ai eu envie de m'y enfouir le visage et d'en respirer la chaleur. Je me suis vu le faire. Cela a duré deux secondes. Dans cet intervalle, j'ai eu le temps de vivre toute une scène, tout un amour, toute une vie. Je nous ai vus vieillir ensemble. J'ai senti le goût de sa peau sur ma langue. Un léger goût de sel.

Je ne l'ai pas fait. Ce n'était pas par peur de sa réaction. Encore que j'aurais été incapable de la prévoir. Mais j'ai pensé à Alexandre. L'idée que lui et moi partagions une même chair, la même sueur, m'a paru insupportable.

J'ai raconté cela l'autre jour à Catherine entre deux tasses de thé aux agrumes.

Elle a remarqué :

– Mais tu ne savais rien de ce qu'Alexandre et Mona faisaient en ton absence.

– Je ne voulais pas prendre le risque.

– L'idée te dégoûtait ?

Je n'ai pas eu le temps de répondre. Elle a enchaîné :

– Ou bien tu avais peur du contraire ? D'y trouver du plaisir en plus ?

Nous l'avions deviné, elle voyait des garçons. Plusieurs dans le même intervalle de temps. Sans que nous sachions la nature exacte de leurs relations. D'ailleurs, nous n'avions jamais eu l'occasion de les rencontrer, ni même de les croiser, ils évoluaient dans un monde parallèle, hermétiquement séparé du nôtre. Une adresse de l'autre côté du périphérique, des prénoms, Zoran, Youssef, le nom d'un bar, un détail, un perroquet tatoué sur le pectoral, échappés au fil des mois dans la conversation, étaient les seuls indices dont nous disposions. Un univers de salle de gym et de survêtements.

Lequel d'entre nous l'a comparée à la déesse Hécate ? L'image m'est restée parce que j'avais une vague idée de qui était Hécate, et j'étais allé vérifier à la bibliothèque. *Sa magie est faible le jour et plus forte la nuit*, avais-je lu. L'article citait les épithètes dont on l'affublait. *La noire, la céleste, la magnifique, la terrifiante, celle qui produit l'amour, celle de la terre des Enfers*.

Quand nous n'avions pas rendez-vous elle et moi, il m'arrivait de rester sans sortir ni voir personne des journées entières. Je restais reclus dans la chambre que je louais, car j'avais déménagé de chez mes parents pour me rapprocher de la rue Saint-Guillaume, un lit, un bureau, une cloison à mi-hauteur, un évier. Je notais dans un carnet des phrases définitives : *L'on peut douter de tout sauf que l'humiliation existe, que des hommes la subissent et d'autres l'exercent, et qu'il y a lieu de la combattre, pareille lutte serait-elle sans issue. Si j'en viens à renier cet engagement, j'aurai perdu ma qualité d'homme*. Ou encore : *Il n'y a pas de maître qui n'ait fini renversé par son esclave, ni de maître qui conscient par avance du dénouement, ait trouvé l'énergie de se réformer pour éviter la chute.* Je ne me peignais pas. Je ne me rasais pas. La plupart des gens m'auraient pris pour déjà mort. Mais moi, quand je me postais à la fenêtre et les observais qui couraient en tous sens dans la rue, ils me faisaient l'effet de celui qui se balance vivement sur une chaise à bascule et se croit au galop sur un cheval.

Quand je retrouvais mes condisciples, ils énuméraient leurs nuits blanches. Ils les racontaient en détail, les adresses des bars et des boîtes, les conversations, les volumes de boissons ingurgitées, l'air d'un explorateur revenu d'une odyssée lointaine.

Quand ce n'était pas leurs nuits qu'ils racontaient, les chiraquiens affrontaient les balladuriens, les rocardiens les mitterrandiens. En janvier 1995, nous avons été en grève générale illimitée, car le directeur entendait remplacer les bourses auxquelles avaient droit les étudiants par des prêts à l'américaine. Nous avons rebaptisé l'amphithéâtre Émile-Boutmy *amphithéâtre Farinelli* en hommage au castrat.

Nous parlions comme si nous étions en colère, avec la volonté de faire mal et des mots faits pour perforer et laisser une marque indélébile. Ni aigreur ni amertume. Nous nous hurlions à la figure mais il entrait de la joie dans notre hargne. Quand j'y repense, je n'entends plus de nos jours cette intensité de discussion que dans un seul domaine, le football, lorsqu'au hasard des fréquences radio je tombe sur une de ces émissions-débats où j'entends à longueur d'antenne qu'on vocifère sur les performances de tel ou tel joueur, ou la sagacité d'un entraîneur comme s'il y allait du salut du monde, avec le même emportement et la même ténacité que nous vociférions au sujet de la mouvance autonome ou des mérites d'Alain Juppé. Sans doute existe-t-il encore des gens que la politique exalte, mais comme il existe des passionnés de roses anciennes ou de calligraphie.

Je me rappelle le ronflement des portes à tambour à l'entrée des restaurants, les conversations d'une table à l'autre dont la rumeur assourdie rendait le même son qu'un coquillage quand on le colle à l'oreille. Et toujours, ce chemin du retour après avoir quitté Mona, le brouillard, l'écho de mes pas qui heurtaient le trottoir, et la même clarté d'un violet lavé de blanc, à la même fenêtre du même immeuble derrière laquelle se balançait une silhouette vaporeuse, qui je l'imaginais, s'éteignait aussitôt que j'avais tourné le coin de la rue.

*

J'ouvre l'enveloppe d'un coup sec. À l'intérieur, une lettre d'une page, dactylographiée sur papier gris. L'entête porte le sigle du PCF.

Monsieur, pour faire suite à votre demande, je suis au regret de vous informer que notre fonds ne contient aucun document ayant trait à M. Roger Spiuma ou mentionnant son nom. M. Spiuma n'a exercé aucune responsabilité au sein de nos instances, au comité central ou a fortiori *au bureau politique. Il ne nous est donc pas possible de vous renseigner sur son parcours militant et nous en sommes désolés. La direction n'a déposé aucune archive dans laquelle il puisse figurer.*

Laure entre dans la pièce. Je replie la lettre et la range dans l'enveloppe. Elle me fixe comme elle sait le faire. J'ai toujours l'impression qu'elle cherche à apercevoir quelque chose qui se dérobe au loin.

Elle me voit classer l'enveloppe dans une chemise cartonnée. De sa voix légèrement traînante, qui fait s'allonger les syllabes, elle demande : *Tu as mal dormi cette nuit. Quelque chose n'allait pas ?*

Elle a raison, j'ai eu du mal à trouver le sommeil. Je l'ai sentie dans le lit, en appui sur un coude, qui se soulevait pour m'observer, ses grands yeux ouverts dans l'obscurité, mais j'ai continué à faire semblant de dormir parce que sinon, elle aurait posé des questions auxquelles je n'aurais pas eu la force de répondre.

Elle attend. Elle attend que je lui dise quelque chose de la lettre, quelque chose de la nuit. Je ne demanderais pas mieux, cela me soulagerait même, mais par quoi commencer ? Il me semble qu'il faudrait tout dire à la fois, Spiuma, Alexandre, Mona, en une seule et longue phrase, sans point ni virgule, sans reprendre mon souffle, une seule phrase qui les fasse tenir ensemble, eux, la nuit, ces années-là, les bars de nuit de la rue Mouffetard, les batailles d'eau à la sortie du restaurant, les petites manœuvres parmi ceux qui allaient constituer la *bande du cerisier* afin d'approcher un directeur de cabinet ou le collaborateur d'un grand patron. Nous étions étudiants à Sciences Po. C'étaient les années 1990. Un homme du nom de Roger Spiuma, directeur général d'Altertourisme, nous payait des repas le soir dans un restaurant. Une verrière panoramique offrait une vue à 180 degrés sur la ville. Tout le monde me prédisait un avenir de ministre ou de chef de parti. Le bruit de mes pas la nuit sur le trottoir était si net et si tranchant qu'il s'entendait dans tout Paris. Tout cela était vrai. Mais la vérité, c'est autre chose.

Et puis il y avait Mona. Mona, Laure l'a connue. Mais elle n'a pas connu la Mona de ces années-là.

Laure quitte la pièce. Je ressors la lettre et la lis une nouvelle fois. Je me souviens qu'un jour, Roger Spiuma nous avait parlé d'un faussaire qu'il avait rencontré du temps où il était contrôleur de gestion chez un industriel de la chaussure en région parisienne. Le hasard les avait mis en contact.

L'homme, contrairement à la plupart de ses semblables, ne copiait pas des œuvres connues, mais à partir de trois ou quatre toiles d'un Dubuffet ou d'un Vlaminck dont il picorait les détails, il en composait une plus vraie que nature, qui n'avait jamais existé mais qui aurait pu, qu'il signait du nom de l'artiste. Il avait ainsi escroqué plusieurs collectionneurs, tout heureux de mettre la main sur un chef-d'œuvre inconnu.

L'histoire amusait Roger Spiuma : *C'est comme soulever un couvercle, se pencher au-dessus, et découvrir un trou sans fond. Parce que, qu'est-ce qui est le plus important ? La signature que le faussaire n'a pas le droit de tracer en bas de la toile, ou l'émotion procurée à l'acheteur ? La signature est fausse, on est d'accord, mais l'émotion est réelle. Je parle d'art, là, les enfants : qu'est-ce qui compte si l'on parle d'art, quel est le seul juge de paix possible ? L'émotion. La composition sur la toile des couleurs et des lignes.*

Il a craqué une allumette, a observé la lueur une fraction de seconde avant de porter la cigarette à sa bouche. Et sitôt la première bouffée, tandis que la fumée continuait à s'échapper de ses lèvres, il a dit : *Qui est le vrai menteur dans l'histoire ? Le tricheur, c'est celui qui fait semblant d'acheter de la beauté et qui n'achète qu'un nom. Le tricheur n'est pas celui qu'on croit.*

Je relève la tête. Laure est revenue. Elle se tient dans l'encadrement de la porte et fixe des yeux la lettre ressortie de son enveloppe. Elle me dit : *Au fait, j'ai oublié de te dire, Catherine a appelé.*

– *Qu'est-ce qu'elle voulait ?*

– *Que tu la rappelles.*

*

Roger Spiuma, face au comptoir, plonge la main dans la poche de sa veste et en ressort une liasse de billets.

– *Voilà, le compte y est.*

Il me tourne à moitié le dos. Dans son costume bleu à rayures, il semble encore plus massif. Une veilleuse trace sur son visage un cercle brillant. Je distingue la peau rosée et autour du cou, des ridules que je ne lui avais pas remarquées. Comme si la peau ondulait sous l'effet du vent.

J'ai encore en tête nos fous rires, tout à l'heure autour de la table. Pour un rien, une phrase idiote, mais précisément le fou rire exige le prétexte le plus stupide, c'est de sa propre stupidité qu'on rit, la stupidité qu'il y a à rire pour si peu jusqu'à se laisser déborder.

Le serveur lâche une remarque. Je ne distingue pas les mots exacts mais je comprends qu'il remercie Spiuma pour la générosité de ses pourboires, soir après soir.

Quelqu'un dit : *On va au TournBride ?*

Je n'entends pas la réponse. Alexandre s'avance et lance à voix haute : *Il peut, il est plein aux as. Vous savez qui c'est ?*

Le serveur prend un air dubitatif.

– *Un producteur de films porno !*

Le serveur hésite. Il ne mesure pas s'il s'agit d'une plaisanterie ni s'il convient d'en rire. Son regard court d'Alexandre à Spiuma. Il s'attarde sur ce dernier. Parce qu'après tout, celui qui paie a raison. À lui de dire s'il faut rire ou pas.

Les épaules de Spiuma sont prises de soubresauts. Un ressort se détend en lui, il ouvre grand la bouche comme s'il cherchait de l'air pour respirer, tourne la tête en direction d'Alexandre. Son profil se découpe, un trait net aux lignes brisées, les yeux à peine visibles entre les paupières.

– *Ce que tu peux être con, mon petit Alexandre, c'est pas possible.*

Il a décroché au portemanteau son imperméable mastic. Il faut attendre. Quelques-uns parmi la petite bande s'attardent encore.

Tout à l'heure, là-haut à l'étage, tandis que nous étions une dizaine autour de la table en fer à cheval, quelqu'un a raconté que Spiuma, il y a quelques années, avait à plusieurs reprises fait le coup de poing contre les *fachos*. Il était absent à cet instant. Il avait un coup de téléphone à passer et avait dû descendre dans la cabine au rez-de-chaussée. Altertourisme avait procuré un téléphone mobile à son directeur général mais il ne l'avait pas déballé.

– *Je n'ai même pas ouvert la boîte pour voir à quoi ça ressemblait.*

Il n'avait rien précisé de plus mais bien sûr, il attendait que quelqu'un le relance. Cela se devinait à la petite lueur dans ses yeux. Les yeux contredisaient l'expression du visage, parce qu'à cette seconde, Roger Spiuma avait pris cet air détaché et rêveur qu'il affichait parfois, au point qu'on pouvait le croire sur le point de s'endormir. Quand cela lui arrivait, je l'imaginais toujours sorti d'une scène de western. Des personnages fiévreux, la pluie, la neige, et une demi-obscurité, avant un duel en pleine rue et des paysages vastes comme le ciel. Toujours, c'était en noir et blanc.

Je m'étais dévoué. J'avais dit : *Mais pourquoi ?* Il avait balancé la tête doucement, avant de balayer l'air de la main, paume tendue dans notre direction, comme pour dire : *Ne m'embêtez pas avec ça.* Puis, après avoir laissé s'écouler une poignée de secondes, il avait lâché : *Pas d'empreinte, je ne suis pas un gibier.*

Quand il est remonté du rez-de-chaussée, tandis qu'il traversait en diagonale le premier étage d'un pas élastique et puissant, je me le suis imaginé, casque de moto sur le crâne, coursant un militant d'extrême-droite, à la main l'un de ces longs bâtons qu'on voit sur les photos des années soixante et soixante-dix. Je ne sais pas à quoi ils servent dans la vie de tous les jours, ces bâtons robustes et flexibles, qu'on croirait fabriqués exprès pour les bagarres de rue. Serrer dans sa main un bâton ou une barre de fer, quelque part du côté de la rue Soufflot ou aux abords de Censier, ce doit être si bon, avoir en face de soi des méchants vraiment méchants et pouvoir vider sa rage dessus sans se poser de questions.

Nous nous tenons dans l'encoignure du comptoir. La pluie cingle la verrière. Je dis à Roger Spiuma : *Mais au bout du compte, pendant que certains font le coup de poing ou s'entretuent, est-ce que ce ne sont pas les autres qui gagnent ? Les fades. Les rusés. Ceux qui restent sagement à gérer leurs boutiques. Pendant que quelques-uns se guillotinaient entre eux, d'autres rachetaient les biens nationaux et bâtissaient des fortunes qui durent encore.*

J'ai dit cela sans savoir si j'y croyais vraiment, pris d'une soudaine hargne, sans comprendre d'où elle avait surgi.

Roger Spiuma fait un pas en avant. La pluie redouble. Une seconde, j'ai peur de sa réaction.

Il dit : *Tu as raison. Et en plus, ceux qui font le coup de poing chez les fachos sont doublement imbéciles, parce qu'au moins, les gauchos rêvent d'un rêve pour l'avenir, et par définition, tout peut s'imaginer, tandis qu'eux, leur rêve est passé et ils auront beau trépigner comme des petits garçons, il ne reviendra pas. Ce ne sont pas des rêveurs, ce sont des somnambules. Mais tu vois, ce n'est pas ça qui compte. Ce qui compte, c'est que tous ces rêves, aussi creux soient-ils, nous en avons besoin. Pas comme on a besoin d'un peu de fantaisie, non. Un besoin vital, comme le pain et l'eau. Si bien qu'au final, tout le monde a sa place dans le grand jeu, les rêveurs comme les boutiquiers.*

Il parle avec lenteur, sans passion, en détachant les mots. Et moi, je me les représente, je les vois, ils sont là, rêveurs et boutiquiers, comme les pièces, toutes différentes, qui parce qu'elles sont différentes s'emboîtent entre elles, d'une mécanique magnifique et terrible.

Mona comme elle en a pris l'habitude, nous attend postée sous la verrière panoramique. Des paquets de pluie se jettent contre la surface vitrée. La ville à l'arrière-plan se dilue. Les trombes d'eau emportent avec elles les phares des voitures et des cyclomoteurs, les lueurs suspendues autour des enseignes, le noir luisant des imperméables, quelques visages aussi, pris dans l'éclair d'un néon, des visages effarés, qui apparaissent et disparaissent, étirés par l'averse. Les lignes se superposent, les couleurs bavent. Tout à l'heure, il y avait une ville sagement rangée, des trottoirs à angles droits, des stores de magasins, des alignements de fenêtres, l'arête des toits. Et maintenant, juste des traînées lumineuses et des stries.

Je m'approche d'elle. Elle me pose les écouteurs de son baladeur sur les oreilles. J'entends les paroles de *Streets of Philadelphia* de Bruce Springsteen. La chanson est sortie deux ans plus tôt. Qu'elle apprécie le chanteur m'a toujours étonné parce que son côté bleu de travail *working class* ne cadre pas avec le personnage de Mona. Elle se tient debout collée à sa cage de verre et me récite les paroles. *J'ai vu mon reflet dans une vitre, je ne reconnaissais pas mon propre visage.*

Nous continuions de glaner des informations sur la vie de Roger Spiuma. Un travail de cueillette : je ne cherchais plus délibérément à en savoir davantage, mais je notais tout ce qui passait à portée. Il habitait un studio rue de Mirbel, à deux pas des bars où nous sortions la nuit. Il vivait seul. Il ne faisait jamais allusion à une vie qu'il aurait eue en dehors de notre petite bande ou de son travail à Altertourisme. L'activité d'Altertourisme l'amenait à des déplacements réguliers dans les anciens pays de l'Est.

J'aurais voulu lui poser des questions sur Mona. Ou les poser à elle. Ce qu'ils faisaient ensemble, la nature de leurs liens. La seule chose que j'ai cru deviner, c'est que le père de Mona avait été autrefois un des responsables du Parti dans le Sud et je ne sais plus lequel avait rendu service à l'autre, mais Roger Spiuma l'avait bien connu. Une seule fois, il y a fait devant moi une brève allusion, alors qu'il discourait sur le sens de l'amitié et justifiait que les liens perdurent par-delà les générations : *Nous nous voyons, nous ne nous voyons plus, nous nous revoyons, et il faudrait que cela ne change rien, comme si l'amitié était affaire de passe-temps. Mais je n'ai pas besoin des autres pour occuper mon temps. L'amitié, c'est autre chose. Elle a sa discipline, comme la religion la sienne.*

Il n'a pas donné davantage de détails. Mais après tout, les détails, on croit qu'ils font la lumière, c'est tout le contraire, à force qu'ils s'accumulent on ne voit plus qu'eux et on s'y perd comme à l'intérieur d'un tunnel.

*

Un jour de mars, Mona m'a appris qu'en juin, elle repartirait dans le Sud. Pour de bon, pas juste le temps d'un séjour. J'allais poser un tas de questions mais elle y a répondu avant de m'en laisser le temps. Elle continuerait de gérer à distance ses clients de l'agence de communication. Elle partait seule et ce n'était pas pour rejoindre quelqu'un.

Elle m'a dit :

– Ce qui me manquera, c'est le ton avec lequel tu dis les choses.

– Je t'écrirai.

– C'est vrai ? J'en aurai besoin. Ou peut-être pas. Peut-être je t'oublierai, si je n'ai plus besoin de toi.

Nous nous tenions debout, et curieusement elle conservait une attitude statique, bras le long du corps, veste boutonnée de haut en bas, pantalon court qui dévoilait les chevilles. Au poignet pendaient le bracelet et son anneau d'argent suspendu à une chaînette. J'ai attendu qu'elle poursuive sa phrase, qu'elle ajoute quelque chose, un mot qui à lui seul aurait éclairé sous un tout autre jour ce qu'elle venait de dire. J'avais beau la fixer, elle était là mais l'impression qui dominait était une impression de vide, l'image était figée.

Nous nous sommes penchés à la fenêtre. Depuis deux jours, le soir apportait l'orage. L'air était saturé, et ce qui dominait, c'était une odeur prenante comme en libèrent les fleurs quand elles sont restées trop longtemps enfermées dans une pièce. Comme un précipité âcre de tout ce que le printemps avait répandu sur la ville. Puis la pluie est venue. Une brève averse. Nous sommes restés accoudés à la fenêtre sans un mot. Derrière la vapeur qui montait, Paris avait perdu toute consistance. On aurait pu croire qu'elle n'avait jamais existé.

La veille de son départ, nous avons passé l'après-midi ensemble. Nous avons marché, cela, je m'en souviens, et je crois bien que nous n'allions nulle part. Dans mon souvenir, l'après-midi forme un long espace de temps sans contours, les heures, les minutes et les secondes paraissent avoir été lissées.

Elle m'a dit : *On se retrouve ce soir au restaurant ?* L'idée était venue la veille. Les derniers examens étaient passés, il fallait fêter ça.

Nous étions une vingtaine. Les habitués auxquels s'étaient ajoutées de nouvelles têtes, emportées par l'élan. Laure était là, oui, cela, je m'en souviens parmi un groupe d'amis qui n'étaient pas les miens. Les tables étaient disposées en carré. Ce n'était pas encore l'heure des rires, du tonnerre des voix quand la gorge expulse directement sans retenue. Nous nous abandonnions dans l'attente, visage au soleil.

Catherine a demandé : *Mona vient ?*

La question m'a irrité. Comme s'il tenait à moi que Mona vienne ou non.

J'ai acquiescé.

– Et Alexandre ?

À nouveau, j'ai ressenti de l'agacement. J'ai eu envie de dire que j'étais là, moi, et cela suffisait bien, mais je me suis retenu.

– Alexandre a dit qu'il ne pouvait pas venir.

Il était près de neuf heures. Les serveurs ont pris les commandes.

L'année était finie. Chacun demandait : *Que feras-tu après l'été ?* L'été qui allait venir serait le dernier. Je veux dire, le dernier vrai été, quand la saison dure aussi longtemps que le reste de l'année. Après viendraient des étés qui se résumeraient à des intervalles répétitifs et interchangeables, de simples interstices.

Quand les serveurs ont apporté les premiers plats, j'ai compris que Mona ne viendrait pas. Les rires fusaient. La nuit n'allait pas tarder. On devinait la Seine. Une présence. Un mouvement. Quelque chose se déplaçait là-bas, derrière une ligne d'immeubles, on n'avait pas besoin de voir pour saisir la puissance. C'était l'heure où les couleurs s'inversaient. Les arbres bleuissaient, le sol flambait, et le ciel s'illuminait de vert.

Je l'ai vue apparaître quand la fin du dîner approchait. Elle m'a cherché du regard, a tiré une chaise jusqu'à moi et s'est assise. Elle n'a pas donné d'explication. Juste une phrase dont je ne suis même pas sûr qu'elle m'était destinée : *Je suis malheureuse, oui, je suis malheureuse*. Puis, il a vaguement été question d'une dispute, et j'ai compris qu'il s'agissait du garçon au perroquet sur le torse.

Une musique lente s'échappait d'une fenêtre ouverte. Un air classique, un balancement incertain, qui n'avait rien à faire avec la scène que nous étions en train de vivre. J'aurais voulu couper le son. Parce que le décalage donnait à tout cela un côté absurde.

Je lui ai dit que non, ce n'était pas vrai, elle n'était pas malheureuse. Cela l'a fait rire. Elle a dit : *Je n'ai pas d'avenir.* Je m'en étais rendu compte depuis un certain temps, elle passait vite de l'émerveillement à la lassitude. Mais ses phrases,

Je suis malheureuse, je n'ai pas d'avenir, elle les prononçait d'un ton sec et sans appel.

Elle a répété : *Je n'ai pas d'avenir* puis : *Ou peut-être que mon avenir, c'est toi.*

– *Exactement.*

– *On se laisse dix ans et on se marie.*

– *C'est tout à fait ça.*

Je m'en aperçois aujourd'hui, dix ans, c'est moins qu'il n'a fallu pour que j'épouse Laure.

Il était trois heures du matin quand Mona s'est souvenue avoir donné rendez-vous à Alexandre à vingt-trois heures. Je ne savais pas pourquoi il n'avait pas pu venir à ce dîner, il s'était contenté d'invoquer un empêchement, d'un ton qui n'incitait pas à le questionner, et Mona n'a pas davantage expliqué la raison de ce rendez-vous tardif. Maintenant que j'y repense, les détails qui me reviennent apparaissent comme autant d'indices disposés à mon intention qui à l'époque m'auraient permis, si j'avais voulu, de découvrir la vérité. Mais je faisais semblant de ne pas les voir.

Elle a regardé sa montre : *Ce n'est pas grave.* Nous avons ri. J'avais l'impression de serrer le monde dans mes bras. J'avais envie de croire aux histoires faciles qu'on lit dans les livres. *Des histoires de héros qui ne se rendent pas,* c'était le genre de phrase idiote qui me passait par la tête.

J'ai marché jusqu'à la Seine endormie. J'ai eu envie qu'éclate un orage, qui balaie tout sur son passage.

Alexandre et moi avions décidé de passer une dernière fois par la *péniche.* Je ne dois pas être le seul à m'amuser qu'on ait choisi d'affubler ce hall et ce banc, érigés en symboles de Sciences Po, du nom d'une embarcation qui ne quitte jamais l'eau douce. Il faut croire qu'il y avait là plus de mariniers que de pirates. D'ailleurs, la lumière qu'au-dessus de nos têtes filtrait un dôme en épais pavés de verre évoquait davantage le crachin que les déchaînements du Cap Horn.

Les portes venaient d'ouvrir, le hall était désert, nous étions seuls sur notre banc. Un appariteur est passé, costume noir, cravate rouge, inquisiteur. Il a poursuivi sa trajectoire, rectiligne, sans ralentir le pas, mais ses yeux sont restés braqués sur nous aussi longtemps qu'il a pu sans détourner la tête.

Alexandre, Mona et moi avions passé une nuit blanche avec le reste de la bande. Nous avions vu le jour se lever, tous les trois accoudés à un balcon.

J'ai dit :

– Peut-être dans dix ans, nous nous reverrons toi et moi et nous reparlerons de Mona. Je nous y vois comme si j'y étais, dans un café à la Contrescarpe.

Il s'est prêté au jeu :

– Et elle, elle sera où ?

– Très loin, avec un autre, à qui elle demandera qu'il l'écoute et la réconforte.

– Ce n'est pas mal vu et c'est peut-être pour ça qu'on n'a jamais été jaloux, toi et moi, parce qu'au fond on sait bien qu'elle finira avec un troisième.

– Oui, en tout cas, il ne sera jamais aussi bon que nous pour la consoler.

Je ne lui ai pas dit mais j'imaginais qu'à son tour il finirait par oublier Mona. Il faudrait bien alors quelqu'un pour conserver intact le temps de nos promenades sur les boulevards parisiens, quand les vents sifflaient et que nous avancions poings dans les poches, nos manteaux détrempés par la pluie. Quelqu'un pour se rappeler l'immeuble où chaque nuit, la même fenêtre était éclairée du même mauve et la même forme vaporeuse s'y balançait doucement.

Alexandre a demandé : *Je te raccompagne ?*

Nous sommes ressortis de la péniche et il m'a reconduit au volant d'une Dyane qu'il avait rapportée de l'Aisne l'hiver précédent, un grand-oncle la lui avait laissée.

J'ai demandé :

– Bon ? Tes plans ?

– Bah ! Qu'est-ce qu'on fait après Sciences Po ? Je vais devenir princesse comme Stéphanie de Monaco.

Nous avions baissé les vitres. L'air fourmillait de bruits d'oiseaux. Nous traversions Paris désert dans la voiture brinquebalante. Un engin étrange, dont les lignes rigides, au lieu de la brider, décuplaient la fantaisie. On aurait dit une 2CV dont on avait étiré les courbes, ajoutant partout des rectangles à la place des rondeurs.

– Patrick va traverser le jardin, il te l'a dit ?

Traverser le jardin était l'expression consacrée pour dire qu'à la sortie de Sciences Po un étudiant allait tenter l'ENA, elle datait du temps où une simple cour séparait le 27 rue Saint-Guillaume du 56 rue des Saints-Pères.

J'ai pensé à l'emblème de l'école, un renard et un lion se font face, écartelés en quartiers à la manière d'armoiries. Chacun au sein de la petite bande avait abattu ses cartes. Auditeur au Conseil d'État, administrateur à l'Assemblée, conseiller dans un ministère, auditeur interne, contrôleur bancaire étaient notre chasse gardée. Il avait été trop tard pour nous en 1995, mais à la prochaine présidentielle, nous aurions tous un poste dans une équipe de campagne.

J'ai dit :

– Tellement de gens aimeraient peser sur les choses sans le pouvoir. Nous, on a l'occasion unique de les changer de l'intérieur.

À la rentrée, j'avais choisi de poursuivre des études à l'étranger, après un stage de deux mois en province, Alexandre avait programmé un stage dans une préfecture puis dans une banque d'affaires.

Il a dit :

– Moi, j'ai besoin de savoir comment ça marche tout ça.

– Tout ça ?

Tandis qu'il conservait une main sur le volant, de l'autre il a balayé l'espace derrière le pare-brise, les trottoirs, les grilles, les enseignes, les kiosques, le clignotement des feux, les rares voitures qui commençaient à circuler.

– Tout ce bordel. C'est ça dont j'ai envie. Je voudrais pas crever avant d'avoir compris un petit peu comment ça marche.

J'étais le lion, je ne savais pas encore qu'Alexandre était le renard.

Mona m'avait répété que j'étais l'homme de sa vie. Le jour était vaste. La ville était là devant moi, simple et évidente, des éclats métalliques scintillaient dans le ciel. Tandis qu'Alexandre, silencieux, tout sourire, conduisait d'une main avec une facilité étonnante, la voiture répondant dans la seconde à chaque coup de volant, à chaque pression sur l'accélérateur, nos corps ballottés d'un bord à l'autre, je me suis senti flotter au centre d'une pure sphère de métal.

Je ne l'ai pas encore dit mais Alexandre était quelqu'un qui me bouleversait. Oui, si je tente de me remémorer au plus juste l'effet qu'il produisait sur moi, je ne peux pas dire autrement. Pas seulement à cause de la confiance qu'il mettait en moi et en mes chances de réussite, l'émerveillement qui était le sien quand je l'emmenais explorer une nouvelle ruelle de Paris ou que je lui faisais lire un auteur, mais pour une raison que je n'identifiais pas. Malgré les apparences, je savais qu'au bout du compte la vie était de son côté.

3.
LE MISTY MOON

Il me faut du temps pour me repérer une fois que j'ai garé ma voiture. Je ne connais de Montreuil que ce qu'en indique le croquis tracé au feutre. Durant le trajet, je m'étais inventé des rues, des places, des cafés, une Poste, un coin d'ombre mais maintenant que j'y suis, rien ne colle, je marche à travers un paysage décousu et fuyant.

Le soleil frappe le béton et découpe des angles aigus. De nouveau, comme lorsque Catherine m'a remis le mois dernier la photo prise au *Misty Moon* et la carte de visite qui l'accompagnait, je me dis que je devrais composer le numéro inscrit. Je m'en souviens par cœur. 857.16.97. Au bout du fil quelqu'un sera là, qui aura attendu toutes ces années mon appel et saura m'aider à trouver mon chemin parmi ces rues qui ressemblent à n'importe quelle rue un après-midi de juillet. Et tout aussi bêtement, je me dis : *Pour que cela marche, il faudrait que je trouve une cabine téléphonique. Si j'appelle de mon portable, la communication ne passera pas. Il faudrait une cabine comme du temps où le*

857.16.97 n'arrêtait pas de sonner. Il faut que je retrouve le chemin par lequel se transmettaient les voix.

Deux tours percent le ciel. Des bureaux administratifs. Une porte étroite se découpe dans une muraille métallique, au débouché d'une sortie de métro. Aucune inscription n'y figure. Je la pousse et me retrouve dans l'entrée d'une galerie marchande monumentale. Il doit exister une autre porte quelque part, une vraie, mais j'ai beau tourner mon regard dans toutes les directions, je ne vois rien. Le seul accès semble être ce passage parallèle à l'écart de l'agitation.

Entre des bandes rose bonbon et vert pomme, une enseigne en lettres rondes barre un pan de mur, *Terminal 93*. La moitié des commerces sont fermés. Les autres vendent des vêtements bon marché. Une musique s'échappe je ne sais d'où, comme on en passe dans les salles d'attente, faite pour ne déranger personne comme si l'on avait peur de réveiller quelque chose du martèlement rythmique d'autrefois.

Tandis que je longe le couloir, je parviens en haut d'un escalier. Une chaîne tendue en travers barre l'accès. L'escalier descend si profond que les marches inférieures ne se distinguent pas. Il communique avec une nuit sans fond. L'une des failles sismiques qui, à une époque, ont fait trembler le monde.

*

La dernière fois que nous nous sommes vus à Paris alors que nous venions de finir Sciences Po, Alexandre m'a conduit à Montparnasse. Je partais pour mon stage de deux mois en province. Il a écrasé la pédale de frein, sa Dyane a piqué du nez, tous les ressorts ont grincé.

Les abords de la gare étaient déserts.

Il a dit : *Nous y voilà.*

Nous n'allions pas nous revoir avant un certain temps. J'ai pensé aux années que nous venions de vivre. Pas un seul jour que nous n'ayons partagé.

J'ai dit : *Nous nous tenons au courant.*

Il a hoché la tête, la chevelure en désordre. Les mèches étaient rabattues d'un côté, une partie lui tombait dans les yeux. Nous sommes restés silencieux tandis que le moteur continuait à tourner.

J'ai fini par dire en poussant un petit rire gêné :

– Je ne sais pas quand nous nous reverrons.

– On a nos adresses et nos téléphones.

– J'ai ton numéro, chez tes parents.

Nous ne parlions pas souvent de nos parents respectifs, et de les évoquer là, à cet instant, dans cette rue déserte au moment de nous quitter, c'est comme si déjà nous étions loin l'un de l'autre.

Je me suis penché de son côté et son visage s'est fait sérieux. Le visage d'un élève qui a compris que le maître va parler et qu'il faut se concentrer.

J'ai dit : *Il y a plus. Il faut se dire plus, tu comprends. Pas juste qu'on va se téléphoner ou s'envoyer des cartes postales de vacances. Il faut se suivre l'un l'autre. Il faut se jurer une chose.*

Il a demandé :

– Quoi ?

– Quoi qu'on devienne, toi et moi, il faut se suivre, être toujours là l'un pour l'autre. Nous sommes amenés à occuper des postes importants. Dans les ministères, les partis, les ambassades. Il ne faut pas manquer le rendez-vous qui se présentera. Tu dois être au rendez-vous, Alexandre.

Ma voix est devenue fébrile. Les mots se bousculaient.

– Nous épauler. Celui qui arrivera le premier quelque part doit se retourner et hisser l'autre sur la marche à laquelle il aura accédé. Tantôt ce sera l'un, tantôt l'autre. Ne manque pas à l'appel. Pas toi, tu n'en as pas le droit.

Je m'en rends compte, j'étais ni plus ni moins en train de lui donner des ordres sur ce qu'il allait faire de sa vie. Comme si j'en possédais une partie ou en avais l'usufruit et ces mots, il n'a pas eu une remarque pour les contester ou en relativiser la portée. Pas une remarque, ni un clignement d'yeux, ou un voile dans le regard, je ne sais quoi qui aurait montré qu'en son for intérieur, une part de lui se débattait ou se posait des questions.

Il a juste dit : *Oui, enfin, c'est plus souvent toi qui me tireras par la main.*

Il s'offrait sans réserve, comme dans ces feuilletons de chevalerie qu'il lisait enfant le samedi après-midi, où deux féodaux se jurent fidélité. Le vassal, sans armes et tête nue, les mains jointes à celles de son seigneur, prononce les mots : *Je suis ton homme*. J'ai eu presque envie de rire en voyant à quel point il y mettait le ton.

– Un pour tous, tous pour un ?

– Toi pour moi, moi pour toi.

Le moteur continuait de ronronner. Il n'avait pas mis le levier de vitesse au point mort et pour ne pas caler, il maintenait le pied enfoncé sur l'embrayage, prêt à redémarrer aussi sec dans cette Dyane qui tremblait de partout, filant à toute vitesse dans un Paris désert.

J'ai posé la main sur son épaule pour qu'il se penche davantage. Il n'a pas compris tout de suite ce que j'attendais de lui, j'ai été obligé d'enfoncer les doigts dans sa chair pour qu'il cède. Insensiblement, mes lèvres se rapprochaient de son oreille. Chaque mot, je l'ai martelé. Comme si j'avais pu le marquer au fer :

– Nous épauler. Personne n'en saura rien mais toi et moi, nous serons ensemble. Nous aurons des ennemis, tu sais bien. Notre force sera là. Être ensemble et que personne ne le sache. Il faudra bien. Là où nous allons, nous n'avons personne d'autre sur qui compter.

Je suis descendu de voiture et j'ai refermé la portière. Il a eu un petit geste de la main. Par la vitre restée ouverte, je l'ai aperçu encore un moment et je me suis souvenu : *Aramis avait de belles dents et souriait en silence.*

Mona était partie dans le Sud au début de l'été, cet été qui a été le dernier vrai été. La veille de son départ, nous nous étions revus avec Roger Spiuma. Au moment de régler l'addition au restaurant, le visage barré de Ray-Ban, il nous avait pris par les épaules, Alexandre et moi. Il y avait mis de l'affection mais j'avais senti la puissance de l'étreinte. Il aurait suffi qu'il accentue d'un degré la pression pour que craquent les os. Il avait rapproché sa grosse face rose et il avait susurré : *Il faudra faire attention à elle. Je vous préviens tous les deux : je ne supporterai pas que quelqu'un lui fasse du mal.* Sans savoir précisément de quoi il parlait, j'avais compris d'instinct. Oui, à cet instant, même si j'en ignorais la raison, il m'avait paru aller de soi qu'il nous revenait à Alexandre et à moi de veiller sur Mona.

Après avoir reçu une première lettre d'elle en juillet, sous le coup de l'émotion, j'ai été sur le point de répondre aussitôt avant de me raviser. J'ai décidé de la faire attendre. Pour me prouver à moi-même malgré la promesse tacite faite à Spiuma, que j'étais libre de mener ma vie comme je l'entendais. Après tout je ne devais rien à personne. Je ne me le suis pas formulé ainsi mais cela revenait au même. J'ai rédigé une réponse en ménageant mes effets, avec la minutie que met un braconnier à poser ses collets : *Écris-moi, il y aura toujours une réponse pour toi* mais j'ai mis deux semaines avant de poster la lettre.

Nous nous sommes revus, Alexandre et moi, au début de l'automne. Nous avons parlé de Mona. C'était mon tour, j'étais sans nouvelles d'elle depuis plusieurs semaines et à lui non plus, elle n'avait pas donné signe de vie. Nous avons passé la soirée à échafauder des hypothèses, à partager des indices, quels mots exacts avait-elle utilisés dans sa dernière lettre, qu'avait-elle dit précisément lors de cette brève conversation qu'ils avaient eue au téléphone, sur quel ton s'était-elle exprimée, ils ne s'étaient rien dit que de très banal mais il y avait bien quelque chose à tirer de cet échange ordinaire. Nous avons réinventé son itinéraire, reconstituant les bribes qui nous manquaient. Des mois après que nous nous étions quittés, j'avais eu beau jouer les rebelles, nous le découvrions l'un l'autre : Mona continuait de nous hanter.

Peu de temps après cette conversation, j'ai découvert qu'Alexandre, les derniers mois que nous avions partagés à Paris, avait commencé à fréquenter un petit cercle de politiciens. J'en ai été d'autant plus surpris qu'il n'y avait pas fait allusion le matin où il m'avait accompagné à la gare et où je lui avais fait promettre : *Toi pour moi, moi pour toi.*

Il était allé trouver un ancien ministre socialiste tombé dans le souverainisme autour duquel un attelage aussi compliqué qu'inattendu, anciens députés sur le retour, surpris de croire encore à quelque chose, jeunes énarques shootés aux récits héroïques, travaillait à bâtir un parti. On croyait s'ennuyer, l'Histoire était dite, et soudain, la grande culbute. C'était pour cela, la Dyane. Pour courir les réunions à l'autre bout de Paris et jusqu'en banlieue.

La ville ressemblait tout entière à un parc, avec ses pelouses comme des tapis et ses cèdres saphir. Les cliniques vétérinaires semblaient la seule activité humaine, entre lesquelles s'intercalaient des squares. Nous avons fait le voyage depuis Paris dans la Dyane d'Alexandre. La voiture penchait dans les virages. Il allait rendre visite à un philosophe en retraite dont il avait suivi les cours à Nanterre, et il m'avait invité à l'accompagner. L'homme cherchait un assistant pour trier des écrits et Alexandre avait besoin d'argent.

Une route en zigzag traçait la limite entre une vallée et un plateau. Il nous a fallu demander à trois reprises notre chemin aux passants. Dans les montées, Alexandre se tenait presque debout sur l'accélérateur mais la Dyane suffoquait. Sur le rebord du plateau, à l'adresse indiquée, posée en équilibre, une maison semblait prête à basculer dans le vide, ses grandes fenêtres noyées dans l'ombre des arbres.

Nous nous sommes retrouvés tous les trois dans un salon jauni à parler d'herméneutique. Le philosophe, foulard à pois, s'était affublé d'un pull trop grand pour lui, jusqu'aux manches qui lui tombaient sur les doigts, pour un peu on l'aurait cru manchot. Il donnait l'impression de flotter non seulement dans ses vêtements mais dans ce salon d'une hauteur de plafond démesurée, dans cette maison et dans ce parc dont on devinait qu'autrefois, des enfants avaient fait leur terrain de jeu. On les imaginait s'ébattre à toutes jambes en criant les soirs d'été pendant que les adultes vivaient dans leur tête, discutant de la lutte contre le fascisme et contre le communisme, et de comment reconstruire la France.

Après avoir exposé le sujet du livre auquel il travaillait et pour lequel il avait besoin d'Alexandre, qui traitait de la mémoire et l'oubli, il a remarqué : *Au fond depuis la chute du Mur, c'est la fin de l'aventure pour tout le monde, tout s'est détricoté d'un coup. Qu'est-ce que vous voulez faire avec ça, une pelote de laine emmêlée et sans forme, sans début ni fin* puis il a ajouté : *Néanmoins…* Je l'ai noté par la suite, c'était le mot qui revenait le plus souvent dans sa conversation. Il affirmait une chose, et un *néanmoins* ne tardait pas à venir. Parfois, l'adverbe ne débouchait sur rien d'autre qu'un silence. Une partie de l'alternative restait muette, mais il semblait impossible qu'une affirmation ne soit pas contrebalancée par une autre, aussi vide soit-elle, dans un jeu de balance perpétuel.

Par la fenêtre, nous apercevions en contrebas un château de briques pâle qui, en plein cœur de la ville, ressemblait à une grosse fleur éclatée, ses pétales ouverts en grand sur le point de se détacher, qui avait poussé là sans rien avoir à y faire et dévorait l'espace autour d'elle. Pendant ce temps, entre deux phrases sur la phénoménologie et la théorie de l'interprétation, les radiateurs déglingués laissaient échapper des rots.

À plusieurs reprises, j'ai accompagné Alexandre dans cette localité de la banlieue sud, une banlieue sans lustre, ni chic ni populaire, à l'image de notre hôte, et immanquablement nous finissions par déjeuner au *Chêne vert* ou *Chez la Gloire*, cuisine au beurre et à la farine, sauces épaissies à la crème, l'un de ces restaurants, de plus en plus rares, dont on se dit qu'ils devaient ressembler à ça il y a cinquante ans, et qui dans cinquante ans, y ressembleront encore. Service à la française, chariots de fromages larges et lourds comme des chars de parade. On y aurait plutôt imaginé des politiciens de la IVe réunis loin des regards dans le but d'échafauder une énième combinaison à même de faire tomber un président du Conseil, entre un chateaubriand béarnaise et des œufs à la neige.

Le philosophe avait fait partie en 1966 des tout premiers comités Vietnam, et près de vingt ans plus tard, l'année d'avant notre rencontre, il avait signé un appel d'intellectuels à soutenir la réforme Juppé : le *néanmoins* était plus que jamais de rigueur. J'observais Alexandre, nullement intimidé, à l'aise avec les mots, et je me suis surpris à me demander lequel des deux hommes avait sa préférence, celui du comité Vietnam ou l'avocat du serrage de vis budgétaire. Que je ne sache pas répondre a produit en moi un curieux effet. J'en ai eu le cœur serré, et je me suis senti plus fragile. Épouvanté mais silencieux, j'ai vu mes mains trembler. Elles ne m'appartenaient plus, j'étais devenu incapable d'en reprendre le contrôle.

Alexandre a participé à des séances de *travaux programmatiques*. À des distributions de tracts. Qui l'avait fait entrer au sein du cercle souverainiste ? Roger Spiuma ? Alexandre m'avait dit un jour : *Je veux savoir comment ça marche,* rien de plus, rien qui me laisse deviner ses nouvelles accointances. Je ne l'avais jamais vu non plus défendre ce type d'opinion et c'est le contraire qui étonnerait quand on l'entend aujourd'hui.

Cela ne veut pas dire qu'il n'était pas sincère. Peut-être même ne l'a-t-il jamais été autant. Les soirs où, assis sur un pliant qui lui cassait les reins, il s'attardait à des réunions publiques auxquelles assistaient dix personnes, dans un décor de moquette sans couleur, cette fin du mois d'août 1995 qu'il a passée à l'université d'été d'un nouveau parti avorton, son désir était comblé, il se rangeait parmi ceux qui avaient le mauvais rôle, les méchants qui ne marchent pas dans le sens de l'Histoire. S'il s'était agi d'un western, il aurait fait partie des Peaux-Rouges, le plaisir qu'il en tirait était d'une intensité inédite.

Quand je revois nos derniers mois à Paris, une image revient inlassablement. Roger Spiuma promène Alexandre à bord de son Américaine, d'un bout à l'autre de la capitale, rue après rue, dans l'odeur médicamenteuse qui imprègne jusqu'aux sièges. Il le promène dans la ville comme à travers la vie qui l'attend. Spiuma, Ray-Ban sur le nez, cite des chiffres, procède à des démonstrations. À cet instant, on sent l'ancien contrôleur de gestion comme si la vie pouvait être mise en mathématique.

Quand j'y repense, il ne manque pas de piquant que pour le véhiculer à travers le Paris des médias et de la politique, Alexandre se soit choisi un revenant se réclamant d'idées devenues fantomatiques. *Un spectre hante l'Europe*, la phrase par laquelle Karl Marx démarre le *Manifeste du parti communiste*, par un retournement cruel, prenait un tout autre sens. Elle n'a jamais été aussi vraie que cent quarante ans après sa parution : le communisme était mort, réduit à une apparition sinistre aux contours irréels, et Roger Spiuma était son zombi. Le conducteur d'un train-fantôme dont les wagons étaient vides, un seul et dernier passager ayant bien voulu monter à bord. Il n'avait plus que l'apparence de la réalité. Un cadavre animé, pourrissant debout, qui se nourrissait de la chair des vivants.

Spiuma n'arrête pas de parler. Il dit : *Tu sais ça ? Tu crois ? Juges-en par toi-même, tire tes conclusions, tu verras*. Et derrière la vitre côté passager, sur laquelle glissent les reflets des façades, je vois le visage d'Alexandre, un doux sourire aux lèvres, emporté dans un mouvement inexorable. Plus il s'éloigne, plus le mouvement s'accélère, il n'y aura pas de retour en arrière possible.

*

À quel moment me suis-je aperçu que je m'étais trompé de rêve ? Je dirais au cours des six premiers mois de 1996, passés à l'université de la Colombie-Britannique. Je m'étais porté candidat sans avoir besoin d'y penser. Huit mille kilomètres de distance avec la Contrescarpe, Alexandre, Mona, Spiuma, me laissaient le temps de me regarder vivre comme si j'étais un autre. J'avais une maison rouge au bord du Pacifique, j'étais à ma fenêtre, il ne s'y passait rien et je découvrais, ébahi, une jouissance à ne rien faire d'autre qu'être là, à la fois puissante et diffuse, dont j'avais eu les signes avant-coureurs, mais considérablement affaiblis, quand je me tenais plusieurs jours d'affilée devant ma fenêtre de chambre à Paris.

J'arpentais Marine Drive et Gastown, l'ancien quartier ferroviaire, jusqu'à la ville chinoise, mon passe-temps favori. Je découvrais qu'on reste étranger à une terre ou une ville tant qu'on n'y a pas marché. Il faut les sentir sous nos pas, qu'un courant passe, au sens électrique. Les rues, les arbres, les places ne se laissent pas voir si l'on n'a pas éprouvé sous la semelle la dureté de l'asphalte ou l'arrondi des pavés. Il faut que cela coûte, il faut de la rudesse, que le pays nous entre dans le corps.

Des bateaux de croisière appareillaient pour l'Alaska, leur coque d'une hauteur de muraille glissait au ralenti, et juste en face du Royal Yacht Club, des hydravions vibrionnaient à destination des villes du littoral, avec des mouvements désordonnés de sauterelles métalliques. Le dimanche matin, je prenais ma voiture et suivais la route côtière, ses vallées suspendues et ses chapelets d'îles plantées d'arbres géants. Je m'arrêtais marcher sur des rochers et me déplaçais en silence. Le ciel présentait toutes sortes de verts entre lesquels perçaient des nuances de bronze. L'océan était flouté, tout paraissait transitoire, mais en même temps qu'il semblait épuisé, le paysage contenait une promesse. Cette promesse n'avait rien à voir avec les postes qu'on m'avait prédits dans les cabinets ministériels ou l'organigramme des partis.

Alexandre roule son corps contre le corps de Mona, et à son expression, je pourrais croire qu'il lui échappe des sons inarticulés. Une suite de grognements. Je crois les entendre malgré la musique qui cogne, un souffle rauque, un sanglier, c'est l'idée qui me vient, même si bien sûr je n'ai jamais entendu un sanglier de ma vie, mais j'imagine un son à la fois porcin et puissant. Le cri d'un porc a quelque chose de ridicule et d'écœurant, le sanglier est à la fois écœurant et dangereux. C'est ce que j'entends, cette nuit-là, il y a de cela vingt ans, c'est ce que j'entends tandis qu'Alexandre et Mona dansent au milieu des Folies Pigalle. Les mèches blondes d'Alexandre attrapent la lumière. Tout près d'eux, un homme tourne sur lui-même, seul, ivre, bras et jambes pris de trépidations. Le reste : une masse humaine dont je ne distingue rien, sinon les bras levés qui ondulent en tous sens. Ils tentent de se raccrocher à quelque chose, à la nuit, aux heures. Un monstre à mille bras se contorsionne et palpite dans une lumière bleu rose.

Un vertige, puis je me reprends. Je me dis : *Qu'est-ce qui te prend ? C'est d'Alexandre dont tu parles, tu parles de ton ami.*

Des gens trépignent dans une file d'attente au comptoir. Les corps vibrent. Les organes tremblent avec la musique. La musique a pris le contrôle. Elle palpite à l'intérieur. Le DJ dit : *Ça envoie du gros.*

Mona, son visage irradie. La lumière de l'été, qui tout à l'heure faisait flamber l'asphalte, a infusé en elle et ressort par les pores. Elle est incandescente.

De nouveau, je crois entendre de petits cris sourds. Alexandre murmure entre ses dents sans rien prononcer, un son rauque, comme s'il était gêné pour respirer, indistinct, direct de la gorge aux lèvres.

Je ne sais plus quoi penser. Il dégage quelque chose de ridicule et de vaguement sale, en même temps ses gestes le portent. Il a une telle crânerie. Elle le protège de tout. Une telle facilité, je ne la lui connaissais pas. Je me dis : *Les barbares qui pillaient les monastères devaient avoir la même tête. Des hommes que rien n'encombre, sans mémoire. Incroyablement en vie, on ne peut l'être davantage.*

Mona, son visage surgit de l'obscurité et nos regards se croisent. Je détourne le mien et m'éloigne en direction du bar. Trop de gêne. La même gêne que si j'avais ouvert une porte et étais tombé sur eux en train de faire l'amour. Mais ce n'est pas son manque de retenue qui m'embarrasse. Pas vraiment. C'est qu'au moment où l'éclat d'un projecteur l'a frappée au visage, au lieu du plaisir que je m'attendais à voir, j'ai surpris une expression que je ne lui connaissais pas. Cela a duré moins d'une seconde mais je ne l'avais jamais vue si fragile et si nue.

Quelques heures plus tard, à la sortie, tandis qu'elle se tient sur le trottoir, je m'avance dans sa direction. Elle m'aperçoit au dernier moment et marque un sursaut, l'air d'une enfant prise en faute. Je ne sais pas comment réagir. Jusqu'à maintenant, je ne l'avais jamais vue éprouver de la gêne. Ce genre de sensation lui paraissait même totalement étrangère.

À mon retour à Paris, Mona, Alexandre et moi nous sommes retrouvés pour la première fois à l'occasion de cette nuit aux Folies. Alexandre avait *traversé le jardin* et réussi le concours de l'ENA, j'allais passer celui de la Banque de France.

Au cours de l'été, je suis allé rendre visite à Mona, chez elle, dans le Sud. Elle habitait une bastide étrange, qui s'enroulait comme une coquille d'escargot autour d'une cour intérieure.

D'où me vient cette manie de ne pas poser de questions ? Ce n'est pas uniquement la peur de mettre l'autre dans l'embarras. Ne rien demander oblige à se contenter des rares faits qui percent la surface, et tout le reste, on peut se le raconter. Se raconter les choses, c'est voluptueux. Chercher à savoir sans même savoir ce que vous cherchez.

Mona et moi avons grimpé le long d'un promontoire de roche qui barrait le ciel d'un horizon à l'autre. Les guêpiers d'Afrique s'envolaient à notre approche, il en nichait des dizaines dans des têtes d'arbres morts. Elle m'a dit : *Ma mère, je ne suis pas fière de ce qu'elle était. Je sais que cela choque quand je le dis, on me parle du respect dû aux morts, mais il n'y a pas d'autre vérité. Je n'ai pas d'estime pour ce qu'elle était.* La phrase n'attendait pas de réponse. C'était la première fois qu'elle évoquait ses parents.

Je n'ai pas cherché à en savoir davantage et je n'ai pas de regrets. Si dès le début je lui avais posé davantage de questions, si j'avais pressé Roger Spiuma d'éclaircir certains points, notre histoire aurait tourné court. Parce qu'ils auraient tout fait pour ne pas me répondre. Et s'ils m'avaient tout dit, mon premier réflexe aurait été de m'éloigner d'eux. Certaines personnes atteintes de myopie font le choix de ne pas porter leurs lunettes en société. Non par coquetterie mais parce qu'elles préfèrent s'en tenir à une vision brouillée. Alors, elles peuvent croire à la douceur des choses.

J'ai repensé à la phrase du philosophe au pull trop large : *Tout s'est détricoté*. Il avait raison, les formes du monde s'étaient défaites sous nos yeux. On ne peut pas dire qu'il ne se soit rien passé ces années-là, qu'aient fait défaut des événements d'une portée capitale. L'activisme d'Act-Up. Mandela président. Les accords d'Oslo. Les guerres des Balkans. Les guerres du Golfe. Le génocide rwandais. L'Allemagne réunifiée. Mais jusque-là, chaque conflit, chaque victoire, chaque défaite s'étaient inscrits au sein d'un affrontement plus vaste et parfaitement intelligible, tandis que désormais ils avaient leur vie propre, échappant à toute tentative de narration, refusant de jouer le rôle qui leur était assigné. Le monde ressemblait de plus en plus aux romans qu'on s'était mis à écrire trente ans plus tôt, qui ne racontaient rien, dont la forme et le sens se disloquaient au fur et à mesure des pages, et si nous avions été plus attentifs, nous aurions su que ça allait tourner de cette façon, le monde finit toujours par ressembler aux livres. Mandela accédait au pouvoir en Afrique du Sud et les partisans de l'ordre en étaient tout réjouis. Les Américains faisaient la guerre à dix mille kilomètres de chez eux mais cette fois nous étions supposés les applaudir. Nous découvrions que notre Napoléon avait dans l'intimité partagé le pain et le vin avec le chef de la police de Vichy, orchestrateur de la rafle du Vel'd'Hiv', 13 152 Juifs arrêtés, 4 115 enfants, 5 919 femmes, 3 118 hommes, et une photo en attestait, la scène s'était déroulée à une table de cuisine, devant un compotier rempli de fruits, une assiette contenant des croûtes de fromage et un verre de rouge à demi plein, la cuisine, la pièce où l'on est le plus vrai, le plus nu avec la salle de bains et la chambre à coucher, le lieu où la pensée et les émotions se livrent dans le plus simple appareil. Le plus grand génocide depuis la Seconde Guerre mondiale se déroulait en direct sous nos yeux mais il ne nous intéressait pas, non pas à cause de la distance géographique avec Kigali, le Bangladesh aussi c'était loin, mais parce que le scénario n'obéissait à aucun code connu. On ne peut pas prétendre nous intéresser quand on raconte une histoire dont on ne peut rien faire découler et qui ne se rattache à aucun fait familier susceptible de lui donner sa cohérence. Car les atrocités, surtout les atrocités, nous avons besoin qu'elles aient leur logique. Sinon, nous restons seuls avec elles, perdus dans un cauchemar sans fin et notre génération n'était pas prête à cela. La prochaine n'aura pas le choix, elle a déjà commencé à s'y habituer, mais nous, l'innocence nous avait été encore permise, même pour un temps très court.

L'image qui me vient est celle des *Montres molles* de Dalí. Jusqu'alors, les aiguilles des horloges, dans leur cliquetis continuel, avaient marqué le passage vers des temps meilleurs. Parfois, le rouage forçait, ou bien c'était l'échappement qui ne parvenait plus à lancer ou arrêter le mouvement adéquat, mais tout cela se résumait à de la mécanique. Désormais, vous pouviez toujours tenter de retenir les heures à pleines mains, vous chercher des raisons de signer une pétition ou de protester dans la rue, les horloges n'étaient plus d'aucune utilité, le temps s'était mis à fondre.

Je me suis amusé ce midi, alors que les bureaux étaient déserts et que ma secrétaire était partie déjeuner, à taper sur internet *« objets des années 90 »*. J'ai essayé trois ou quatre possibilités mais chaque fois, le moteur de recherche m'a renvoyé plus ou moins à la même liste. Les Tamagotchis, la Game Boy, le MiniDisc, la disquette. Des objets aux technologies que nous croyions radicalement révolutionnaires, et elles l'étaient, mais en un rien de temps déjà dépassées, aussi désuètes que le bélinographe ou la lampe à tungstène, à l'image de notre génération, à l'image de cette décennie qui à peine émergée, a été engloutie par le temps. Une autre chose m'a frappé : il s'agissait d'objets destinés aux adultes mais conçus pour s'amuser. Comme s'il était devenu impossible, au tournant des années 1990, de continuer à prendre quoi que ce soit au sérieux. Une des dernières fois que nous nous sommes vus, Alexandre a eu cette réaction, alors que j'avais prononcé une phrase d'un ton trop sévère : *Tu es tellement rigide, il ne faut pas prendre les choses de cette façon. On dirait un pasteur protestant. Les gens qui prennent tout au sérieux, tu sais, ils ont engendré le pire. Regarde Ulrike Meinhof et Daniel Cohn-Bendit. L'une s'est suicidée en prison sans que plus personne ne sache à quoi ça a servi, et l'autre commente le football sur Europe 1. Lequel a eu raison, tu crois ? Ce n'est pas très glorieux de s'accommoder de la réalité, mais ceux qui ne le font pas, je vais te dire, ils me foutent la trouille.*

*

Ce à quoi Alexandre a occupé son temps entre l'automne 1996 et le printemps 1997, je l'ai reconstitué d'après les bribes de conversations qu'il avait eues avec moi, ou avec Roger Spiuma et dont j'ai été témoin. Il ne s'était pas aperçu que je n'étais plus celui qu'il avait cru. Il me voyait encore comme un futur chef.

Il s'exaltait :

– *Tu comprends, tout se modifie sans cesse. Tu as à peine eu le temps d'agir, ce sur quoi tu agissais s'est modifié. C'est comme ça depuis qu'il n'y a plus de Mur. Comme si ce Mur faisait plus que tracer une frontière nette entre l'Est et l'Ouest : il portait la totalité du monde, tellement il était épais et solide. Et ce n'est pas transitoire. Plus jamais nous ne connaîtrons un monde qui tienne et qui résiste.*

Somme toute nous étions d'accord. Mais où j'en concluais que mieux valait, le monde étant condamné à se diluer en permanence, l'observer comme on guette des apparitions à un coin de rue, confortablement installé à une terrasse de café, lui se réjouissait de cette insécurité latente et de ce qu'elle contenait de promesses.

Il passait une main dans ses mèches, qu'il relevait sur le côté, un tic auquel il succombait à son insu, l'instant d'après la mèche retombait mais il restait dans sa tignasse comme la trace d'un brusque coup de vent.

– Ce sont de nouveaux départs. Plus rien n'est étanche. Fini le pouvoir du patron, du propriétaire, si tout est précaire, tout est possible, tout ce qui se noue est facile à dénouer

J'ai risqué : *Et les souverainistes que tu fréquentes, alors ? Ça ne marche pas ensemble, tout ça.*

Il a pris une grande inspiration et haussé les sourcils.

– Il faut tester, voir le monde, tout ce qu'il a de différent.

– Tu en parles comme si tu étais parti chez eux en voyage.

– Bien oui. On est partout chez soi, dans le monde d'aujourd'hui.

Une fin d'après-midi que nous nous étions retrouvés au *TournBride,* Roger Spiuma nous a rejoints et le temps qu'a duré leur échange, j'ai compris qu'il venait le chercher pour une soirée dont la tête d'affiche serait un ancien membre du cabinet Mitterrand, il en avait été l'argentier officieux. L'homme était entré dans le capital d'un quotidien récemment créé. Il allait le mettre en relation avec de grandes signatures. Le journal n'allait pas durer deux ans mais les fréquentations que s'y ferait Alexandre allaient lui survivre bien au-delà.

Spiuma lui avait aussi permis de passer un week-end chez un ancien des réseaux Janson qui avait fait ses premières armes dans un hebdomadaire à l'avant-poste du combat contre la torture, auquel on prêtait l'accomplissement de missions secrètes et dangereuses auprès des dirigeants algériens sitôt l'indépendance. Devenu dans les années 1980 l'un des papes de la télévision, il y avait inventé *la playmate* diffusée chaque soir dans les minutes qui précédaient le 20-Heures.

Passé maître dans l'art de dire et de ne pas dire, il frayait désormais avec Jacques Chirac qui l'avait embarqué avec lui dans deux ou trois tournées africaines. Passionné par les éléphants et la musique congolaise, comédien contrarié, il glissait volontiers à qui voulait l'entendre que Mitterrand comme Chirac lui avaient offert un maroquin qu'il avait refusé. *Je suis un tiers Breton, deux tiers Berrichon* répétait-il, gardant à l'esprit qu'après toutes ces années, on continuait de l'appeler sous cape *le fellouze.* Pour savoir ce que disait Matignon et pensait l'Élysée, rien ne valait un détour de ce côté-ci de la banlieue ouest.

Le premier week-end a été suivi par d'autres. Sans Spiuma qui, après avoir joué l'entremetteur, s'était mis en retrait. Il m'est arrivé une fois d'accompagner Alexandre. Ce jour-là, l'homme a passé un long moment à raconter comment, deuxième classe en Algérie sur la base d'hélicoptères d'Aïn Arnat, il avait fait monter l'*Antigone* de Sophocle parmi les portes et statues de l'antique Djemila. Sous l'effet des brumes de chaleur qui distendaient l'air et produisaient au sol un effet miroir, à tout moment les statues semblaient prêtes à s'animer et donner la réplique aux comédiens, tandis qu'a contrario, ces derniers se figeaient comme taillés dans la pierre, cet aller-retour entre le monde pétrifié et le monde incarné donnant à la représentation une tournure fantastique et vaguement inquiétante. *Nous semblions être entrés en contact avec un monde souterrain d'où s'étaient échappées des créatures millénaires…*

En costume trois-pièces, il se tenait debout, yeux plissés, mine gourmande, devant une file ininterrompue d'invités qui, après avoir stationné leurs grosses cylindrées dans les allées, attendaient de pouvoir l'approcher. Tout en feignant de ne pas remarquer l'embouteillage, il jetait un coup d'œil par-dessus les épaules, de manière à repérer parmi ses hôtes ceux dont la présence était la plus flatteuse, et sitôt qu'un visage connu entrait dans son champ de vision, le même tic lui échappait, tout en se balançant sur la pointe des pieds il reniflait, tête renversée en arrière, l'air d'un cheval qui se cabre prêt à détaler au galop. Il détectait de loin les visages connus, et, tout aussi important, sinon davantage, les émissaires anonymes venus porter la parole d'un ministre ou d'un patron de média. De même savait-il au premier regard qui était venu dans l'intention de demander un service, qui était susceptible de lui en rendre. Il préférait de loin les premiers.

Quand ils lui demandent un service, c'est à lui qu'ils le rendent. Chaque service qu'il rend, il monte une marche supplémentaire, ceux qui en bénéficient, aussi élevés soient-ils, dégringolent d'un degré. Tout cela en affichant un air parfaitement dégagé, avait expliqué par avance Roger Spiuma à Alexandre.

Ce jour-là, l'ex-pape de la télévision semblait égaré du côté de Djemila, et il déclamait : *L'homme que la Cité a mis à sa tête, il faut lui obéir/Jusque dans les plus petits détails, que ce soit juste ou… pas/Je suis sûr que celui qui obéit à ces principes/Saura bien gouverner, comme il accepte de se laisser gouverner/C'est une sentinelle, dans les bourrasques de la guerre/Qui reste à son poste, vaillamment, comme il se doit.* Il était trop fin pour réciter les paroles d'*Antigone* et s'attribuer le soi-disant beau rôle, c'est celui de Créon qu'il s'était arrogé.

L'homme s'était posté pour recevoir ses hôtes au débouché du couloir d'entrée, juste avant que celui-ci s'évase en un vaste hall, si bien que les nouveaux arrivants se retrouvaient coincés dans un boyau d'autant plus étriqué que des tables chargées de fleurs moussues et colorées y étaient disposées en chicanes, impossible d'avancer de front à plus de deux, de sorte que la file d'attente ne cessait de s'allonger, certains en étaient à piétiner dehors. Les fleurs répandaient une odeur lancinante, quelques minutes de plus et elle m'aurait porté au cœur. Je me suis demandé si l'effet était voulu, si les fleurs et l'étourdissement qu'elles provoquaient faisaient partie d'un stratagème pour ramollir les invités et endormir leur méfiance à la façon d'un venin.

Tandis que nous patientions, un homme à la carrure épaisse attendait son tour, il ne restait plus qu'une personne entre notre hôte et lui. Déjà, nous le voyions entre ses lèvres répéter les premiers mots qu'il dirait, et tendre le bras en signe de salut. Sa veste avait du mal à contenir sa taille, depuis le bas du dos l'étoffe était tendue à craquer. Devant nous, deux hommes ont fait un signe de tête en montrant les dents. *Celui-là, c'est le porc du banquet dans le* Satyricon, *on a oublié de le vider avant qu'il se fasse cuisiner.*

Je les ai entendu rire. Le rire venait du fond de la gorge mais les lèvres demeuraient closes, c'était un rire rentré. Un rire entre le rire et la peur.

Autour de nous des fleurs avaient éclaté dans leurs vases comme sous l'effet d'un trop-plein de couleurs. Elles avaient lâché leur parfum, et leurs couleurs étaient passées.

Quand au bout d'un quart d'heure nous sommes parvenus jusqu'au grand mamamouchi, il nous a fallu attendre la fin d'une tirade : *Ô vous qui voyez des meurtriers/Et des morts du même sang/Terribles sont les effets de mes décisions.*

Il a aperçu Alexandre, son visage s'est relâché comme s'il ôtait un masque. Il m'a décoché un coup d'œil, il ne lui en fallait pas plus, je n'allais pas être une gêne, je n'avais pas la carrure.

– *Et Mona, elle n'est pas là ?* En posant la question, le mamamouchi a eu un petit sourire ému, voilé de nostalgie, avant de se cuirasser à nouveau. Ses lèvres ont laissé échapper, à peine audible, un : *Ah, Mona…*

Ainsi, c'était pour moi une révélation, non seulement Mona fréquentait ce genre d'endroit mais elle semblait une habituée. J'ai surpris un regard en coin d'Alexandre, comme s'il surveillait ma réaction. Mais je crois bien être resté de marbre.

Quand après deux ou trois échanges convenus sur Aïn Arnat et *Antigone*, Alexandre a demandé : *Qu'avez-vous donc appris en Algérie ?* l'homme a eu un sourire triste et pâle : *J'ai appris la patience.*

Nous sommes repartis à bord de la Dyane. Ceux qui montaient ou descendaient d'une Safrane, version cuir et bois et téléphone de série, ou quand leur statut de politique ou de haut fonctionnaire ne les contraignait pas à se contenter d'un constructeur français, d'une Mercedes classe E, dont l'essuie-glace articulé faisait penser à une grosse patte de mouche, jetaient un œil amusé à notre citrouille.

Alexandre et moi en riions. Quand nous nous y installions, lui au volant, et moi son passager, infailliblement il me rappelait le tout début des *Mousquetaires* et la monture de d'Artagnan, *cette autre Rossinante* : *rappelle-toi, c'est un bidet du Béarn, « sans crins à la queue » que monte d'Artagnan pour gagner Paris.* Il faisait sa grosse voix et roulait les r, reprenant la consigne du père au héros au sujet du bidet : *Ne le vendez jamais, laissez-le mourir tranquillement et honorablement de vieillesse, et si vous faites campagne avec lui, ménagez-le comme vous ménageriez un vieux serviteur.*

Ce soir-là tandis que nous regagnions Paris, il a rejoué une nouvelle fois le passage de Dumas, puis il a remarqué : *Ça bourdonne en permanence, tu as remarqué ?* Il ne parlait pas du moteur mais de l'après-midi chez le mamamouchi. Oui, j'avais remarqué, le début d'une phrase mordait sur la fin d'une autre sans laisser sa chance au silence, comme dans une bande-son où le monteur aurait voulu caser trop de mots dans le temps imparti. Chacun avait trop de mots à dire, c'était le jeu, parvenir à en prononcer le maximum parmi ceux qui vous avaient été attribués au départ, et se précipitait comme s'il y allait de sa vie. Un jeu tacite et cruel : non seulement il s'agissait de faire la course en tête pour ne pas lâcher la phrase que vous étiez en train de prononcer, mais vous deviez aussi d'un coup d'épaule, une boutade, un éclat de voix, éjecter l'autre de la piste. Alexandre y semblait à son aise. Il donnait son avis sur tout et répondait à tout le monde.

Il a poursuivi, comme s'il suivait le fil de ma propre pensée : *Mais il faut bien avoir un avis, si tu dis : je ne sais pas, on ne t'invite plus. Parfois, j'ai envie d'essayer toutes les idées. Et en imaginer d'autres s'il faut. Pour recommencer encore et encore jusqu'à ce que la tête ne suive plus. Il ne faut pas accorder trop d'importance aux choses.*

Je n'ai pas répondu. J'avais baissé à demi ma vitre pour laisser entrer l'air frais. Tête à la renverse, je sentais des gouttelettes de bruine me piquer le visage.

Il a demandé :

– *Et toi, tu as passé un bon moment ?*

– *Je crois que je me suis ennuyé. Mais tu sais, j'aime ça.*

C'est peut-être ça mon secret. Je ne me sens jamais aussi libre que lorsque je m'ennuie.

*

J'ai beau rester en plan devant l'escalier qui autrefois descendait dans les profondeurs du *Misty Moon*, je le sens très vite, cela ne sert à rien, j'aurais aussi bien fait de ne pas venir. J'espérais. Je me disais : *Je vais aller voir sur place et je vais apprendre quelque chose.* Mais non.

Au bout du compte, la vérité, je crois bien l'avoir frôlée une seule fois par le passé. Ce qui me frappe aujourd'hui, avec le recul, c'est la lenteur de ses gestes ce jour-là. Roger Spiuma s'assied sur un banc, de la pointe du pied fait sauter ses mocassins, puis prend soin de faire rouler ses chaussettes le long du mollet et de la cheville. L'une après l'autre, avec des gestes qui n'en finissent plus. Comme s'il avait peur en se montrant trop brusque d'abîmer un moment si fragile.

Puis c'est au tour des bas de pantalon qu'il retrousse avec soin jusqu'aux genoux. Le visage est en sueur. Sous l'effet du soleil, le rose vif s'est fait plus sanguin. La carcasse penchée en avant, il souffle sous l'effort, avant de se redresser d'un bond et sans nous attendre, il file vers la mer, soulevant une poudre d'or à chaque pas.

Il se retourne, impatient. Ce n'est pas la première fois qu'il a du mal à se contenir, mais cette fois-ci, c'est différent, il montre une impatience d'enfant. Il a relevé ses Ray-Ban sur le front et les yeux rient. Il attend que nous le rejoignions. Derrière lui, la mer s'enroule sur elle-même. Cela fait une succession de bandes indigo et bleu pâle, sans cesse mobiles, et le ciel lui-même n'est qu'une bande supplémentaire, d'un bleu métallique. Les reflets font mal aux yeux.

– Ne laissez pas passer ça, les enfants, ne laissez pas passer ça.

Roger Spiuma enfonce un peu plus ses pieds dans le sable. Il semble vouloir aller chercher le cœur de la terre. Je remarque la peau glabre comme chez les hommes de son âge quand l'habitude des chaussettes empêche les poils de repousser aux mollets et le long du tibia. La chair est blême. Toujours ce côté animal que je lui ai trouvé. L'étal d'une boucherie. À cet endroit, cela donne un rose très pâle qui ferait penser à du veau.

Il s'incline légèrement, les reins projetés en arrière, et oscille du bassin.

Mona, Alexandre et moi avançons jusqu'à lui en riant. Mona aime le sable, l'air salé, la mer. Elle porte une robe courte. Elle écarte les bras pour donner prise au vent. Alexandre et moi, dans nos tenues d'été, avons l'air déguisé. Ils ne sont pas faits pour nous ces bermudas et ces t-shirts. Alexandre, quand il embarque à bord de sa vieille Dyane pour courir les réunions électorales en banlieue, car il a conservé la voiture du grand-oncle bien qu'il soit entré à l'Inspection des finances, n'omet jamais de nouer une cravate et d'endosser une veste. La Dyane et la coiffure toujours pas apprivoisée sont les derniers vestiges de sa vie d'étudiant.

– *Tu venais ici enfant, Roger ?* demande-t-il.

Roger Spiuma hoche la tête, balayant du regard la plage déserte. Le grondement des vagues couvre nos voix. Le vent fait claquer nos vêtements, les plis de la robe de Mona, la chemise de Spiuma qu'il a maintenant plus largement ouverte. L'échancrure laisse voir un poitrail glabre.

– *C'est l'enfance, ça, croyez-moi.*

Il baisse les yeux.

– *J'enfonce les pieds dedans. Je n'y retourne pas si souvent. Et ils ne sont pas nombreux ceux que j'ai emmenés voir à quoi ça ressemble.*

Il a un petit rire de gamin. Une sonorité plus cristalline que d'habitude et surtout, ce rire lui échappe. Un adulte rit le plus souvent pour signifier aux autres qu'il rit mais il est rare qu'il perde le contrôle, que le rire surgisse d'on ne sait où, comme ça sans prévenir. Mains sur les hanches, Roger Spiuma avance jusqu'aux vagues, donne des coups de pied, soulève des giclées d'écume, tout en continuant à hocher la tête, l'air de ne pas en revenir.

Oui, pour la première fois depuis des années, j'ai approché ce jour-là d'une certaine vérité. Sur cette plage, sous ce ciel. Un paysage net, quelques lignes, le mouvement entêté des vagues, loin de la brume dans laquelle Roger Spiuma flottait en permanence à Paris quand il poussait les portes des bureaux de la place du Colonel-Fabien, attaché-case à la main, ou quand il citait des pages entières de *L'État et la Révolution* au premier étage du restaurant à la rotonde.

Pour la première fois, j'atteignais un nerf sensible.

Je le considérais tandis qu'il se penchait pour s'asperger le visage, j'observais le long ruban de sable, le va-et-vient des vagues, la puissance contenue des flots et je me disais : *Tout a commencé ici.* C'était ici le début de toute l'histoire, le creuset originel, ce mélange primitif de sel, de sable et d'eau sur lequel battait le soleil. Une superposition de traits horizontaux. Rien qui fasse obstacle à la lumière, pas un arbre, pas un immeuble, pas une colline. La lumière s'étalait, allait au bout d'elle-même. Et l'on marchait pieds nus, la plante des pieds enfouie profond.

Alexandre m'a fait cette remarque tandis que nous longions la plage : *Quand on n'habite pas au bord de la mer, on n'a pas l'occasion enfant de marcher pieds nus, cela doit changer quelque chose,* et j'ai pensé à ce recoin de terre perché tout en haut de la carte de France, entre la Brie et le Soissonnais, où il avait vécu jusqu'au bac. Une terre dont on ne sait pas enfant l'effet qu'elle fait quand on la foule à même la peau.

Une par une, j'arrache les images. Elles se décollent l'une après l'autre et plus cela va, moins cela exige d'effort. À la fin, elles viennent toutes seules. Roger Spiuma au volant de son Américaine traversant Paris dans un mouvement chaloupé. Costume rayé, visage barré de Ray-Ban, tirant sur sa cigarette à la sortie du restaurant. Seul dans le tourbillon des corps au *Misty Moon* abruti de musique, sans que je sache dire après quel type de rencontres il court. Le colosse qui dresse un panorama de l'économie du sous-continent indien comme s'il peignait une fresque, exact dans le moindre détail. Celui qui se penche à notre oreille pour nous dire quel chemin de traverse emprunter afin d'arriver au plus vite à ses fins. Au bout du bout, il n'en reste qu'un. Roger Spiuma en culotte courte qui court à perdre haleine, nu tête au soleil, seul dans l'immensité. Son ombre elle-même ne peut le rattraper.

Nous remontons vers la promenade du front de mer. En contrebas, deux garçons en maillot de bain, seize ou dix-sept ans, dansent avec une balle. Ils l'envoient taper contre un mur et quand elle rebondit, s'amusent à la frapper de nouveau en exécutant les figures les plus complexes et les plus inventives, jambe droite repliée sous la gauche pour rattraper le projectile du revers du pied. Ils répètent et répètent la gestuelle, sans se lasser. Les corps sont élastiques et durs. Voudrait-on modifier un seul trait, impossible, l'équilibre serait perdu. Nous nous arrêtons tous les quatre pour les observer sans rien dire. Les muscles aussi fins et robustes que des filins d'acier, tout entiers livrés à la brûlure du soleil et à sa lumière aveuglante, ils n'ont pas un regard pour nous. À cette seconde j'en suis certain, chacun de nous quatre pense la même chose. Nous regardons les petits joueurs de balle et nous nous disons : *Ils étaient déjà là il y a vingt ans, il y a trente ans, il y a quarante ans, avec leur corps de cuir et leurs dents comme des crocs, ils seront là toujours*. Peut-être Roger Spiuma a-t-il été l'un d'eux. C'est même une évidence.

*

Une montagne de cartons empilés dans le désordre s'accumulaient dans un équilibre fragile au fond de la baignoire. Visiblement, on les avait posés là en prenant soin qu'ils tiennent les uns par-dessus les autres, mais sans prendre le temps de les ranger vraiment. Des emballages d'ordinateurs. La salle de bains était l'unique espace qui restait pour les entreposer en attendant qu'à la fin du séjour, chaque machine retrouve sa boîte.

Une voix, dans l'autre pièce, commandait des taxis à la fois pour l'aéroport et pour Antibes. La conversation était fastidieuse, l'interlocuteur au bout du fil semblait tout confondre, les horaires, les destinations, le nombre de passagers à embarquer. Des papiers étaient punaisés au mur. Des listes de noms, d'interviews, des dates, des conférences de presse. Une liste de courses aussi. Yaourts, café, papier toilette. Un store métallique était aux trois quarts baissé. Comme il n'était pas tout à fait déplié, des orifices apparaissaient à la jointure des lattes, à travers lesquels on distinguait la rambarde d'un balcon et des taches de lumière. Des taches de vert. Le gris bleu d'un tronc. La rumeur de la mer. Un bout de jardin, un palmier sans doute, que j'imaginais suffoquant de chaleur à cette heure de l'après-midi.

Alexandre, sur la route du retour depuis la Corse, avait tenu à faire une halte à Cannes en plein festival, pour retrouver des journalistes et des producteurs de télévision dont il avait fait connaissance grâce à l'ancien grand argentier de Mitterrand. Nous dormions dans des sacs de couchage tout en dînant au Martinez.

Roger Spiuma était rentré par ses propres moyens mais Mona nous avait suivis. Les fenêtres de l'appartement donnaient sur la mer, mais entre les deux s'intercalaient des rails de chemin de fer, la ligne filait jusqu'en Italie.

Je surveillais Alexandre. Quelque chose était en train de se jouer en lui, je le pressentais. Un autre Alexandre affleurait.

De retour d'une fête dans une villa sur les hauteurs, nous avons déambulé au petit jour sur la plage. Tout était incertain, la clarté comme les idées qui nous passaient par la tête. Quelques réverbères étaient allumés. De vagues points lumineux tandis qu'autour de nous, c'est à peine si nous distinguions les immeubles. Sans ces lumières, nous aurions cru flotter sans attache les pieds dans le vide. Mais j'évitais pourtant de tourner mon regard dans leur direction, parce que malgré la distance, elles me faisaient mal aux yeux. De petites aiguilles d'or qui s'enfonçaient dans la rétine, et j'avais beau détourner le regard, me frotter les paupières jusqu'aux larmes, elles restaient là, fichées.

J'ai essayé de dire quelque chose sans savoir quoi.

Il fallait que je parle. Il fallait des mots.

J'ai dit :

– *Avant, certaines idées n'allaient pas les unes sans les autres. Une idée en portait une autre qui en portait une troisième. Ça faisait un corps articulé qui marchait dans la même direction.*

Mes oreilles bourdonnaient, la musique y tapait encore. Je me sentais pâteux. Tout autour de nous paraissait à demi effacé. Une silhouette filait, lointaine, un peu plus haut sur la promenade. Elle marchait vite, semblant fuir. Elle a disparu au coin d'une rue sans que j'aie eu le temps de la voir bifurquer.

– *Oui, et alors ?*

Je croyais qu'il me faciliterait la tâche, qu'il approuverait sans discuter, je n'avais pas envie de me donner la peine d'argumenter, j'avais dit ça comme ça, sans autre but que je n'en avais en marchant, mettre un pied devant l'autre dans le sable, sans destination précise. Mais j'ai compris que j'allais devoir faire un effort.

– *Ça ne t'arrive pas d'entendre quelqu'un défendre en même temps des idées qui ne vont pas du tout ensemble ? Tu l'entends à la radio soutenir un point de vue, et tu te dis : voilà quelqu'un de progressiste. Mais la seconde d'après sur un autre sujet, il développe une vision d'extrême-droite. Et personne ne semble voir où est le problème.*

Alexandre avançait, mains dans les poches, tête baissée.

– *Ce que tu ne comprends pas,* a-t-il dit, *c'est que toutes les idées auxquelles tu fais référence sont des idées mortes. Tu vis avec des idées mortes. C'est ça ton problème. Un cadavre, tu es libre de le découper. Tu fais comme tu veux : tu prends un bras ici, une jambe là. Tu colles une jambe sur un buste qui ne lui appartient pas. Deux pieds droits, deux pieds gauches, des jambes trop longues pour la taille du tronc. Tu fais ce qui te chante, c'est ce qui est fabuleux.*

Une image m'est venue, celle du docteur Frankenstein. J'ai vu se dessiner dans le petit jour sa créature et son abomination.

Alexandre a continué : *C'est une chance, c'est comme ça qu'il faut le prendre. Plains-toi ! Tu vis à une époque qui te laisse cette liberté, il y a encore dix ans tu aurais dû te limiter à réciter la vulgate.*

Le ciel a pris une teinte de buvard, il en avait le rose et la porosité, les nuages y séchaient lentement et y laissaient des taches. La ville était déserte. Nous étions dans un entre-deux.

Il a continué : *Fais attention, je te vois faire, tu attends que la vie commence, mais ce que tu ne comprends pas, c'est que c'est à toi de mettre la clé de contact et d'appuyer sur l'accélérateur.*

La mer allait venait sans bruit, à peine un murmure.

Il a dit cela sur un ton très particulier. Empreint de gravité dans la première partie de la phrase, puis comme s'il s'était rendu compte que le sens de ses paroles risquait de lui échapper, il a arrondi le ton et relevé la tête pour qu'apparaisse son sourire.

– *Il ne faut pas se laisser coincer par la vie.*

Il allait dire « *te laisser coincer* » mais il s'est rattrapé, pas assez vite cependant pour que le « *te* » s'efface tout à fait.

– *Mais tu sais, c'est toi normalement qui devrais me dire ça. Il n'y a pas si longtemps, c'est toi qui m'aurais parlé de cette façon.*

Il a ajouté cette dernière phrase, mais de nouveau, rien n'était grave. Nous sommes parvenus à un ponton en bois qui s'avançait dans la mer. Nous avons hésité mais sans nous concerter, nous avons continué à marcher sur le sable en longeant la promenade. Parce que si nous avions emprunté la chaussée en bois, nous aurions fini par nous avancer jusqu'à l'extrémité et rester là, la mer à nos pieds, sans plus savoir quoi faire.

Une partie de la vie de Mona, nous n'y avions pas accès, elle restait hermétiquement close. Nous le savions confusément mais j'en avais réellement pris conscience le soir à Paris où la petite bande s'était donné rendez-vous pour fêter la fin de notre dernière année à Sciences Po, elle était arrivée si tard, tout le monde était sur le point de repartir.

Ces quelques jours, ce printemps-là à Cannes, nous en avons eu la confirmation. Dans les soirées, son côté froid et passionné fascinait. Son audace et sa souplesse aussi. Elle s'éclipsait, arrivait en retard pour repartir avant la fin sans prendre la peine de prévenir. Elle faisait penser à ces cabinets japonais dont certains compartiments restent inaccessibles tant qu'on ne sait pas quel ressort caché actionner. Cela s'apparentait à un jeu de patience, il fallait commencer par ouvrir la bonne porte. J'avais le sentiment qu'Alexandre avait une longueur d'avance. Certaines portes dérobées, il les avait poussées.

Elle a fait la connaissance d'un de ces garçons sans importance, surgis de leur boîte le temps d'un festival, pour qu'aussitôt la clôture, le couvercle se referme jusqu'à l'édition suivante. Il était de Cannes, d'un quartier populaire. Un corps fait pour le débardeur et le jogging davantage que le smoking. Quand Mona nous l'a présenté, elle a eu l'air d'exposer un pur-sang, c'est tout juste si elle ne lui a pas flatté l'encolure et exhibé les jarrets. Du pur-sang, il est vrai, il avait les caractéristiques. La musculature marquée, la peau fine au poil luisant, vif et énergique, ombrageux et difficile à dresser. Mais aussi facile à blesser.

Il était fiancé. Ce n'était pas dit comme ça. *Fiancé* était un mot trop désuet. Il ne voulait pas rompre, et Mona ne l'y poussait pas, en partie parce qu'elle craignait, si elle le pressait, qu'il tranche en sa défaveur, en partie parce que la situation l'amusait. Comme si prenant une tournure clandestine, leur histoire trouvait sa raison d'être.

Un après-midi alors que nous nous trouvions tous les quatre, le garçon s'est vu obligé pour une question d'ordre pratique, de passer rendre visite à son amie, elle habitait à deux pas. Il a hésité avant de suggérer à Mona : *Pour qu'elle ne se doute de rien en te voyant, vous n'avez qu'à dire Alexandre et toi, que vous êtes ensemble.*

J'ai pensé : *Alexandre ? Et pourquoi pas moi ?* Mais j'ai eu trop peur de la réponse.

La jeune fille était belle d'une beauté nette et fraîche. Elle n'a rien soupçonné. C'était un après-midi de soleil. Tandis que le garçon brûlait d'abréger la visite, quand elle a proposé de servir des rafraîchissements, Mona s'est empressée d'accepter. Nous nous sommes installés dans la cour de la maison, un palmier solitaire étirait un fil d'ombre. Tous les cinq en cercle, nous avons bavardé comme si de rien n'était, le garçon au côté de son amie, Mona près du prétendu sien, si bien qu'en apparence la normalité était respectée, mais la disposition des fauteuils faisait que Mona et le garçon se faisaient face. Lui se tenait penché en avant, les coudes sur les cuisses, visage tendu vers elle, et plus les minutes passaient, plus il était dans la position de la bête prête à planter ses crocs, tout en ne se départissant pas d'un sourire.

Mona s'est tournée vers Alexandre et lui a répété quel bonheur c'était de se trouver là, puis a plongé son regard dans celui du garçon :

– *Tu ne sais pas à quel point je suis heureuse de faire la connaissance de ton amie.*

La chaleur se pressait autour de nous. On la sentait qui enserrait les murs de la cour. Une étreinte qu'on pouvait croire mortelle.

Elle a franchi une nouvelle limite. Elle a saisi la main d'Alexandre, l'a pressée avant de la relâcher. Les yeux du garçon se sont portés dessus. La main d'Alexandre était restée inerte. Les doigts de Mona la malaxaient sans qu'il manifeste de réaction.

À cet instant, aucun d'eux n'était ce qu'il prétendait être, sauf la fiancée et moi. J'ai peu parlé, j'étais sans rôle défini. Chacun avait le sien sauf moi. Moi dont la présence muette n'était pourtant pas sans effet. Ma seule présence modifiait l'équilibre. Je n'étais là pour rien d'autre. Être le témoin qui déduit. S'interroge. Met en garde. Et qui peut-être annonce les malheurs à venir.

Pour autant que j'aie pu en juger à sa conversation, la jeune fille n'était pas du genre à croire tout ce qu'on lui disait, elle faisait preuve de finesse. Mais je n'imagine pas, même aujourd'hui quand je fais défiler les images de cet après-midi, qu'elle se soit doutée de quoi que ce soit. Il faisait atrocement et délicieusement chaud. La chaleur donnait envie de rompre avec tout ce qui nous reliait au réel. Une envie d'abandonner, comme on le dit à propos d'un cheval, relâcher les rênes et laisser aller librement son allure. Et puis, elle aurait peut-être soupçonné ce qu'il y avait de détraqué dans la situation si une seule personne avait été en cause, mais comment concevoir qu'elle avait en face d'elle quatre interlocuteurs complices du même mensonge à des degrés divers ?

Mona a de nouveau posé sa main sur celle d'Alexandre, puis ses doigts ont remonté le long de l'avant-bras, l'air de rien, pur réflexe machinal en apparence, pianotant sur la peau, le tranchant de l'ongle l'éraflant par endroits.

Le garçon ne pouvait pas lui en vouloir. Cette comédie avait été son idée, Mona ne faisait rien d'autre que lui rendre service. Elle essayait de jouer du mieux possible le rôle qu'il lui avait assigné, si elle avait laissé place au doute, la fiancée s'en serait vite aperçue, et il se serait retrouvé dans une passe dangereuse. Somme toute, elle se sacrifiait pour son bien. C'était ce qu'elle répondrait tout à l'heure quand il lui ferait des reproches, car il lui en ferait, d'autant plus en colère qu'il s'était piégé lui-même. Elle, elle ferait semblant de ne pas comprendre.

La jeune fille a servi de nouvelles boissons et s'est tournée vers le garçon : *Merci de m'avoir présenté tes amis, on passe un si bon moment*. Il a répondu : *On ne va pas trop tarder tout de même, j'avais juste prévu de passer vite fait.*

Alexandre n'avait pas dit grand-chose jusque-là mais il a subitement attrapé la main de Mona : *Restons encore un peu, on est si bien ensemble.*

Je ne sais pas pourquoi, j'ai été content qu'il dise cela. Je n'avais pas vraiment ma place au milieu de la scène mais je n'avais pas non plus envie de retrouver les rues, la brûlure du soleil, la sensation de suffoquer qu'on avait en marchant, c'était trop violent. Surtout, je voulais voir jusqu'où ils étaient capables d'aller, Mona et lui. C'était de ce côté-ci qu'avait basculé le jeu, le garçon qui jusque-là occupait une position centrale, avant qu'il ait le temps de comprendre, s'est retrouvé relégué au second plan.

Alexandre a fermé les yeux à demi et souri. Je lui ai découvert un air que je ne lui connaissais pas. J'ai pensé : *Finalement, il aime ça, jouer avec les autres.*

Il a touché le bras nu de Mona. Non seulement, elle l'a laissé faire mais elle a penché la tête en arrière en souriant.

Je ne sais plus de quoi nous avons parlé. Peu importait ce que disaient les mots, seul comptait l'effet recherché sur l'interlocuteur, et la torpeur de l'après-midi ralentissait à la fois l'élocution et notre capacité à comprendre.

On apercevait la mer par un portillon. J'ai porté mon regard de ce côté. Des corps jeunes se déhanchaient sur la plage. On pouvait croire inerte la surface animale de l'eau mais si on lui prêtait attention, il ne fallait pas longtemps pour deviner une contraction pareille à un muscle qui joue sous la peau.

Un champ d'oliviers s'étendait en contrebas. Les plus anciens se réduisaient à quelques lignes. Chez certains, le tronc avait craqué sur un côté et laissait apparaître l'intérieur. Il semblait qu'à l'aide d'un écarteur on avait desserré les côtes d'une cage thoracique, des muscles filandreux s'enroulaient autour d'un cœur sec.

*

Le temps que je compose le numéro de Catherine et que se succèdent les sonneries, je me revois le mois dernier dans son appartement, l'amertume du thé, l'esplanade de béton cinglée par les vents, le violet pourpre du ciel tandis que la pluie bat. Une atmosphère de goûter d'enfant en plein ciel.

Nous nous retrouvons chaque été sous le cerisier à l'occasion du déjeuner, mais c'est seulement en l'ayant découverte dans la nudité de son décor domestique tandis que je l'interrogeais sur Roger Spiuma, que j'ai mesuré ce qu'était devenue Catherine, sa nature profonde m'a été révélée. Son visage rond et dodu de brioche ashkénaze. C'est à cela que ressemble désormais *Catherine de Médisance*, à une pâtisserie croustillante et moelleuse.

Elle décroche. Je lui dis : *Tu as cherché à me joindre, Laure m'a dit que tu as demandé que je te rappelle* ?

Je n'ai pas la force d'en passer par les préambules, *comment vas-tu, je ne te dérange pas*. Ma brutalité la fait rire. Elle dit : *Tu as mis le temps à rappeler*. C'est vrai, j'ai laissé passer les jours. Je présageais qu'elle allait me parler de Roger Spiuma et je ne voulais pas que les souvenirs se précipitent en rafale. Plutôt laisser le passé remonter en douceur, comme une bulle prend son temps avant d'aller crever la surface.

Elle dit : *Je suis dans un bon jour, je ne vais pas te faire lanterner.*

Elle prend tout de même le temps d'un silence, en actrice qui sait ménager ses effets. Je l'imagine au sommet de son logis de verre, l'horizon ouvert en grand sur les nuages.

Nouvelle attente.

Catherine poursuit : *En fait, je suis désolée, mais ce serait tout de même mieux qu'on se voie pour parler de tout ça. Tu serais libre quand ?*

4. SANS TRACE ÉCRITE, PAS DE SECRETS

Roger Spiuma a eu l'idée du voyage. Du moins est-ce lui qui en a parlé en premier. *Pourquoi pas le sud de l'Italie ?* La conversation qui avait précédé n'avait eu, semblait-il, d'autre but que d'en arriver là. Le sud de l'Italie, ou n'importe où ailleurs, mais l'essentiel était que nous partions en voyage, Mona et moi. Quand il a été question d'Alexandre, Roger Spiuma a évoqué je ne sais quel empêchement.

Nous marchons dans les rues de Lecce. Le vent gonfle les plis de sa jupe. Nous avançons parmi des cris d'enfants, des éclats de voix, des claquements de portes. J'aime le calme qu'a Mona au matin. Il se met à pleuvoir. La ville sous l'ondée prend un air rêveur.

Nous nous perdons, empruntons des passages coudés, traversons des places de la dimension de courettes. Tourner à gauche, à droite, filer tout droit jusqu'à ce que la rue n'aboutisse nulle part, je laisse Mona décider. Des jeunes gens passent, affublés de manteaux de pluie trop grands pour eux.

Je mets mes pas dans les siens. Je me dis : *Elle marche trop vite.* Je voudrais dire quelque chose qui convienne mais les mots ne sortent pas. Je me dis : *Il faudrait que je lui dise quelque chose qui l'étonne.* Ce dont elle a besoin, c'est que je l'étonne et je ne sais pas faire.

Nos pas nous ramènent à l'hôtel.

Elle dit : *Continue à te promener si tu veux voir.*

Je réponds : *Voir quoi ?*

Elle sourit dans un haussement d'épaules.

Mona s'apprête à tourner au fond d'une ruelle. Elle hésite, se ravise. La ruelle sent le poisson frit. Une femme chante. Des signes tracés à la main barrent un mur sur toute sa longueur. Un chat s'immobilise. Seules bougent les oreilles. Il capte le chant de la femme.

J'attends de voir ce que va faire Mona. Si elle va marcher vers la partie de la ville qui se détache à l'extrémité de la ruelle, ou revenir sur ses pas. Nous sommes en janvier mais toute la chaleur d'août fond sur nous. Les murs cuisent. Je me retourne. Des hommes s'alignent, dos au mur, bras croisés. Le genre d'homme qui ne sait pas baisser les yeux et porte sa chevelure comme un trophée. Ils sont raides, secs, des guetteurs immobiles.

Le chat se retourne, oreilles dressées et nous observe de ses grands yeux de magicien. Je me dis : *Je devrais passer devant, c'est ce qu'elle attend de moi, avoir l'audace qu'elle n'a pas*. Oui, c'est ce qu'elle attend, que je la prenne par la main et lui ouvre le chemin, que je la guide le long du mur aux signes illisibles.

L'odeur de poisson m'écœure. Rien ne bouge plus dans la ruelle. Mona tourne le dos au chat : *Nous n'allons plus de ce côté finalement.*

Je tire les rideaux de la chambre, laisse la fenêtre entrouverte sur les bruits de l'extrême-fin d'après-midi. Un souffle se prend dans les tentures. Je m'allonge sur le lit. Entre le rideau et le cadre de la fenêtre, un espace laisse voir la ville. L'espace est étroit mais la ville y tient tout entière, les cours, les alcôves, les porches, on se parle d'une fenêtre à l'autre, les toits se rejoignent, les paroles s'entrecoupent, on sort des chaises dans la rue, Lecce n'est plus qu'une enfilade de couloirs et de portes entrouvertes.

Mona s'approche de la fenêtre, nue, les ombres de la pièce se dessinent sur sa peau. De l'autre côté du rideau, des hommes passent sur le trottoir et la frôlent sans deviner sa présence. Et cette idée me plaît, qu'à tout moment je pourrais tirer l'étoffe d'un coup sec et leur faire cette offrande, les laisser la contempler aussi longtemps que je le voudrais, décidant seul de l'instant où de nouveau, je laisserais retomber la draperie pour la faire disparaître à leur vue.

Au sommet d'une tour, nous contemplons la ville. Passé quelques minutes, Mona quitte son poste d'observation pour gagner l'angle opposé. Je l'y rejoins. Elle s'éloigne de nouveau, les yeux dans le vide.

Les visiteurs pointent du doigt des tours crénelées, ils décrivent des lignes imaginaires jusqu'aux faubourgs en direction de la route de Gallipoli. Mes pensées glissent trop vite, je ne sais pas les retenir. J'observe Mona de dos. Un couple rit près de moi. Le jeune homme veut dessiner la jeune fille sur une page de carnet sorti de sa poche, elle se dérobe, esquive d'un mouvement. Elle ne veut pas se laisser prendre. Puis à la fin, elle s'immobilise. Elle se livre, du moins le jeune homme le croit-il car au premier trait de crayon, d'un pas de côté elle relance le jeu, se cache le visage. *Non, je ne veux pas.*

Je sens la ville tout en bas, qui mange, boit, court sans reprendre son souffle, je vois les églises, gros navires échoués, restés prisonniers entre les vagues des toits. Je m'approche de Mona. Je m'approche aussi près que possible. Elle ne bouge pas. J'attends. Je repars. Nous sommes là sur cette terrasse dans le gris de l'après-midi, à tourner en rond sans rien dire, dans une partie de cache-cache sans savoir ce qu'il y a à cacher.

Nous avons pris l'autoroute qui longe l'Adriatique pour remonter vers le nord. Il pleut sur la mer. Les vagues se confondent avec le ciel, le même bleu chargé d'électricité. Passé Massafra, la boue a emporté une partie de la route. Nous roulons depuis des heures sans croiser personne. Un cercle de nuages couronne les sommets, ils n'ont pas l'air d'avoir bougé depuis la nuit des temps. Mona se plaint. Elle dit : *Oh ! Je crois bien que j'ai la fièvre à cause de tout ce froid, alors fais-moi rire, s'il te plaît, j'en ai besoin. C'est à toi de me raconter des histoires, de me faire rire, allez, raconte-moi une histoire.*

Mais au lieu de me laisser parler, elle me pose de nouveau des questions au sujet d'Alexandre. Je dis *de nouveau* car elle n'a pas cessé depuis le début du voyage. L'air de prendre des nouvelles de quelqu'un de la famille. Que fait Alexandre ? Et ses projets ? Il nourrit bien d'autres ambitions que de rester inspecteur des finances, n'est-ce pas ? Qui voit-il ? Voit-il toujours le petit cercle de souverainistes chez qui il a commencé à servir de petite main ? L'ancien ministre qui s'est lancé dans cette aventure, quoique marginalisé et parfois regardé de haut, conserve un nom et une influence. Alexandre fréquente-t-il d'autres cercles ? On dit bien qu'il s'apprête à entrer dans un cabinet ministériel, la gauche étant de retour au pouvoir, cela fait maintenant huit mois ?

Elle se concentre sur mes réponses, comme si elle s'attachait à en retenir chaque mot. Peut-être, l'idée m'est venue mais je la chasse aussitôt tant elle est ridicule, se précipite-t-elle sur un carnet pour tout noter une fois que j'ai le dos tourné.

Les questions prises une à une sont tout ce qu'il y a d'ordinaire, et elles s'égrènent au fil de la journée, mais mises bout à bout, elles font comme une seule et même interrogation lancinante. Et sans savoir pourquoi, comme un bon petit garçon, je m'applique depuis le début à y répondre en fournissant le plus de détails possible, comme si ma bonne volonté était à prouver, et que j'allais en être récompensé.

Je ne savais pas si Alexandre et elle avaient couché ensemble mais je les imaginais très nettement, elle contre lui recroquevillée, le goût de sa chair dans la bouche, leurs deux corps agglomérés en un chevauchement compact.

Nous marchons dans Matera. Je bifurque dans une rue, Mona me retient. *Je n'en peux plus, je crois que j'ai de la fièvre. Continue sans moi à partir de là.* Sur le point de dire : *Alors, je rentre aussi,* je sens que ce n'est pas la réponse qu'elle attend.

Je dis : *Tu sauras retrouver ton chemin ?* Peut-être va-t-elle me demander, comme un service, que je renonce à la suite de la promenade pour l'accompagner, mais non, elle dit : *Nous ne devons pas être si loin.*

– *Nous sommes passés par tant de ruelles.*

– *Je saurai me débrouiller.*

Elle s'éloigne. Le ciel est bas. J'en viens à espérer la pluie qui me fournirait le prétexte pour la rejoindre à l'hôtel. Mais peut-être Mona n'a-t-elle pas pris le chemin du retour. Peut-être à cet instant déambule-t-elle sans moi dans la ville. Elle essaie des rues, des ponts, revient sur ses pas, bavarde avec un inconnu.

Des cabanes se pressent au pied d'une falaise, à moitié ensevelies sous des ronces. Du linge sèche. Des détritus s'envolent, se prennent dans des buissons, des chutes de tissu, qui pendent en serpentins.

J'ignore à quelle distance se trouve l'hôtel. Peut-être faut-il compter une heure de marche. La nuit approche. Je m'engage dans une avenue rayée de lumières. Entre les immeubles pointent des montagnes. Je me dis : *Je vais attendre qu'il fasse nuit noire pour rentrer.* Il faut que je sois de retour et que ça ait l'air d'aller de soi. Elle demandera : *C'était bien ?* et j'acquiescerai, j'ajouterai un ou deux détails pour donner du piquant. Nous descendrons dîner dans la salle à manger de l'hôtel et de nouveau nous serons ensemble, toute distance entre nous abolie.

La voie se perd dans l'obscurité. Pas un passant ne s'aventure au-delà. Je repars dans l'autre sens. Le froid gagne. La nuit est totale. Les passants emmitouflés pressent le pas. Je surprends des regards furtifs. On doit se demander ce que je fais là à arpenter le trottoir avec nonchalance à l'heure où chacun fuit la nuit et le froid. Des silhouettes me dépassent, cela n'arrête plus, les têtes sans visage me frôlent et me laissent loin derrière. Il reste des parfums de femmes.

Je tourne au coin d'une rue, l'hôtel est là, bien plus proche que je ne l'avais cru. Tout ce temps, Mona était presque à portée de regard. Je franchis le perron. Je sais que ça n'a pas de sens mais un bref instant, je m'attends à la voir dans le hall. Elle est fraîche, reposée, elle s'est habillée en prévision du dîner, à son poignet le bracelet auquel pend un anneau d'argent à l'extrémité d'une chaînette.

Cela simplifierait tout. C'est la seule chose que je veuille à cet instant, que tout soit simple.

Je n'ai pas la clé de la chambre. C'est en vérité ma seule inquiétude. Je ne veux rien d'autre, entrer dans la chambre, m'allonger sur le lit, ne plus avoir à me demander ce que je vais dire à Mona. Je cogne à la porte. Je ne sais pas si j'ai frappé suffisamment fort pour être audible. Je guette les bruits à l'intérieur. Ai-je entendu bouger ? Était-ce bien le bruit de quelqu'un qui se déplace dans la pièce, ou le bruit provient-il de la chambre d'à côté ? Peut-être devrais-je appeler doucement, montrer que c'est moi, qu'elle n'ait pas de crainte. C'est absurde. Que pourrait-elle craindre dans cet hôtel paisible où l'on dirait que tout le monde dort ?

Peut-être dort-elle, ou bien était-elle bien là tout à l'heure dans le hall et je suis monté sans la voir. Je me représente la scène. Moi en train d'appeler une femme dans un couloir d'hôtel désertique. Du mauvais théâtre. Je compte les secondes comme si le nombre de secondes avait son importance, comme si tout cela n'était qu'affaire de patience. Il suffirait de laisser passer le temps nécessaire pour qu'elle ouvre et me dise à quel point elle est heureuse de me revoir.

Je reste bras ballants, comme frappé d'une malédiction, condamné à étirer jusqu'à le rompre le temps qui me sépare de Mona.

J'hésite à frapper encore. J'ai peur qu'elle me croie impatient ou irrité.

Je frappe.

Les coups s'amortissent dans le silence du couloir. Je regrette d'avoir quitté l'avenue. Je manœuvre la poignée, elle résiste. Je pense : *Donc, Mona est à l'intérieur* puis je me rends compte à quel point le raisonnement manque de logique.

Un bruit derrière la porte. Je me fige. Les mécanismes de la serrure se déclenchent. Mona est là devant moi.

Une veilleuse éclaire la pièce. Un paquet d'oranges est posé sur une tablette.

Je demande si elle va mieux. Mona dit qu'elle a dormi, la chambre donne côté cour, ce n'est pas bruyant, elle s'est reposée. Elle me demande si la promenade a été agréable, si je n'ai pas été surpris par la pluie. Elle s'allonge et m'invite à prendre une orange. Les fruits luisent dans la pénombre, tout gorgés de couleur. Des quartiers cousus de filaments blancs laissent voir la chair à vif.

Je m'allonge à son côté. Nous nous mettons à respirer ensemble. J'étends le bras et éteins la veilleuse. La fenêtre donne sur une cour et un réseau d'impasses. Des lumières clignotent au loin, surgies de la solitude des montagnes.

Je devine du coin de l'œil le buste de Mona qui se soulève et s'abaisse lentement, moulé dans son chandail. Je repense à la fois où elle avait ôté son pull, à ces quelques secondes où j'avais eu les yeux fixés sur ses seins sans qu'elle me voie, le visage enfoui dans l'encolure du vêtement.

L'envie me vient de lui prendre la main. J'espère qu'il ne reste pas de femme seule parmi les derniers passants sur l'avenue, je n'aime pas l'idée de femmes seules qui marchent la nuit dans les villes sous la pluie.

Je voudrais me lever, me servir un verre d'eau dans le cabinet de toilette mais j'ai trop peur, si je trouble l'immobilité de la chambre, de déranger ce que ce moment a d'unique et fragile.

Je ne sais pas comment nous en venons à parler des années de notre fin d'enfance, les années 1980. Mona fait allusion à une époque où elle fréquentait ce qu'il est convenu d'appeler le milieu punk à Paris. Elle se joignait à une bande dans des lieux désaffectés, hôpitaux ou cimetières. Ensemble, ils jouaient à s'entasser dans des photomatons pour figurer le plus nombreux possible sur le cliché. La fois suivante il fallait faire mieux que la précédente, jusqu'à former un bloc compact de bras et de visages, à ne plus pouvoir bouger, leurs cris faisaient peur aux passants. Un jour, ils s'étaient tellement serrés à l'intérieur de la cabine qu'ils ont failli ne pas pouvoir ressortir. Ou bien ils s'introduisaient la nuit au Père-Lachaise et la règle exigeait qu'ils traversent le cimetière sans mettre pied à terre, sautant d'une tombe à un caveau. C'étaient leurs jeux, et sans doute y en eut-il de bien plus dangereux. Mona va pour en dire plus, elle cite des noms, le *Kiss Club* et le *Metropolis* à Rungis, puis elle s'interrompt au milieu d'une phrase.

– *Tout ça s'est terminé grâce à Spiuma. Il fallait que ça s'arrête.*

Je dis :

– *Nous sommes une génération curieuse. Nous n'avons plus envie de prendre la parole. Nous sommes méfiants d'une méfiance malsaine. Nous allons avoir trente ans et nous nous sommes habitués à manger le contenu de notre assiette.*

Mona détache des quartiers d'orange qu'elle dispose sur la tablette près du lit avant de les croquer. Le parfum du fruit se répand dans la chambre.

– *Oui mais il nous reste encore un petit quelque chose. Jusqu'à maintenant, nous n'aimons toujours pas mentir.*

Elle a laissé passer un temps avant d'ajouter : *Nous le faisons mais nous n'aimons pas ça.*

*

Certains hommes naissent avec un corps de femme et réciproquement. On parle alors d'erreur de la nature, expression aussi idiote que monstrueuse mais dans mon cas, elle s'applique à la perfection. Je suis un homme laid né dans un corps d'une plastique parfaite. Laid n'est pas le mot. Celui qui convient est pire : terne, rien ne ressort. Je suis beau, mais cette beauté m'a été inutile. Parce qu'elle est inoffensive. Parce qu'il lui manque la frénésie et la fureur : l'emportement. La beauté, c'est fait pour faire mal.

C'est d'être affamé qui aiguise la vie, qui lui donne le tranchant d'un rasoir. Un jour, Alexandre m'a dit quelque chose d'approchant. Alors qu'à la sortie d'un cours à Sciences Po, nous dissertions avec Catherine et lui des inégalités, et qu'elle et moi égrenions des lieux communs, distinguant celles que la politique pourrait résorber et celles qui s'avéreraient irréductibles, il a lâché : *Vous savez quoi, la première des inégalités, c'est que certains n'arrêtent jamais d'en demander plus à la vie. C'est la plus injuste, parce que sans solution.*

Roger Spiuma, à peine avions-nous fait connaissance, ne s'y était pas trompé. Alors qu'au sein de la petite bande, tout le monde se fiant aux apparences continuait à me promettre un avenir de ministre ou de chef de parti, il m'avait lancé : *Toi, de toute façon, tu es de passage*. Ce n'était pas un reproche, ni une moquerie. Juste une façon de dire : *Ne te fatigue plus à faire semblant, ce n'est pas grave, tout va bien.*

Ce soir-là autour de la table en fer en cheval du restaurant à la rotonde, les autres ont pris le parti d'en rire faute de comprendre, mais lui et moi savions parfaitement à quoi nous en tenir. À quoi l'avait-il deviné ? À mon timbre de voix trop monocorde ? Un manque de fraîcheur dans le regard ? Sans l'appétit, les lignes du corps étaient là, les traits, la largeur des épaules, le grain de la peau, mais rien à l'intérieur ne laissait passer la lumière. On m'avait comme coulé dans le béton.

Nous avons dîné, Roger Spiuma, Alexandre et moi, peu de temps après mon retour des Pouilles. Spiuma a lâché une de ses phrases :

– *Tout de même, quand nous mangeons, il s'agit de se rentrer quelque chose dans le corps : à part le coït, je ne vois rien de comparable.*

Il a repris sa respiration avant d'enchaîner.

– Ça *explique qu'on ait besoin de se sentir en terrain familier. Tous ces discours sur la cuisine de nos mamans. Si on veut supporter l'idée de se laisser pénétrer par une matière presque vivante, on ne peut s'offrir à l'inconnu. Il y a autre chose aussi. Une autre leçon à tirer. Le degré supérieur de la jouissance s'atteint dans la marge. Le riz qui a caramélisé dans la poêle, le chapeau de la tomate farcie qui a commencé à brûler, la partie du macaroni qui dans un gratin a trop durci au four, le gras du jambon quand il a ranci légèrement.*

Fallait-il le prendre comme une confession ? L'air de rien, il nous lâchait cette vérité : le degré supérieur de la jouissance ne s'atteignait pas dans la normalité mais dans l'excès, le trop-plein, l'à-côté.

Je l'ai suivi. Je n'avais rien prémédité, cela m'est venu quand nous nous sommes levés de table et qu'il s'est dirigé vers la caisse pour régler l'addition. La rue de Mirbel, où il demeurait, était toute proche. Je savais bien que je n'avais aucune chance d'entrer dans son appartement, ni même d'en apercevoir l'intérieur depuis une fenêtre, car il nous avait dit habiter au dernier étage, mais la seule façade, pensais-je, dévoilerait un pan de son intimité. C'était peu mais déjà beaucoup. Personne n'avait jamais vu son chez-lui.

À la sortie du restaurant, Alexandre est parti de son côté, moi du mien, mais j'ai vite retrouvé l'itinéraire de Roger Spiuma. Il marchait à une dizaine de mètres devant moi, et si jamais je le perdais, je savais qu'à son allure, je ne tarderais pas à le rattraper. Il m'a semblé qu'avec l'humidité des pavés, mon pas se faisait plus sonore. Bien que nous ne soyons pas seuls, je n'entendais rien d'autre, la musique obsédante de nos pas qui se répondaient en cadence.

Nous sommes arrivés rue de Mirbel. J'ignorais à quel numéro était son immeuble. À une ou deux reprises, il a ralenti mais alors qu'il semblait sur le point de bifurquer en direction d'un porche, chaque fois il reprenait sa marche. Le martèlement de nos pas, de plus en plus distinct, finissait par m'agacer en même temps qu'il avait je ne sais quoi d'à la fois risible et inquiétant.

Quand à un carrefour j'ai levé la tête vers un panneau, je me suis aperçu que nous avions dépassé la rue. Où Roger Spiuma allait-il donc ? Question stupide. Sa conduite n'avait rien d'anormal, il pouvait se rendre chez des amis après le restaurant ou éprouver le besoin de marcher sans but sans que ça ait rien de mystérieux, d'ailleurs rien dans son comportement ne trahissait une quelconque nervosité, ni une volonté de se dissimuler. Et pourtant je ne pouvais me défaire de l'idée que je devais continuer à le suivre. Que quelque chose allait m'être révélé.

Nous avons débouché sur une petite place plantée d'arbres. J'avais perdu mon orientation. Au moment où Roger Spiuma a traversé la chaussée pour rejoindre une station de taxis vide, une forme est apparue sur le trottoir. La forme a fait un salut de la main. Quand elle est sortie de l'ombre, j'ai reconnu Alexandre.

Je me suis figé, protégé par l'obscurité. Tous deux sont restés à converser. Spiuma semblait expliquer quelque chose. Régulièrement, il s'interrompait, comme pour vérifier qu'il s'était fait comprendre, et l'autre hochait la tête, avant de répéter ce qui lui avait été dit. J'ai fermé les yeux et me suis adossé au mur, concentré sur les voix. Il était question d'une soirée à laquelle allait se rendre Alexandre.

– Oui, mais ça ne sert à rien de se dire ça…

L'humidité montait. Alexandre battait des pieds sur le trottoir.

Spiuma a eu une exclamation moqueuse : *Ah ! C'est joli !*

Les phrases étaient brèves, le rythme rapide.

– Ah, là, là, c'est naturel à ton âge. J'ai été comme ça, moi ! Tu sais, ce monde-là…

Des phares ont lacéré la nuit. Une lourde berline, vitres fumées, a tourné au coin de la place et s'est arrêtée à leur hauteur.

– *Mais celui-là, il ne faut pas que tu le loupes.*

Alexandre a fait un signe de tête. Une pluie fine a commencé à tomber. Je m'étais mis à l'abri derrière un kiosque à journaux. La voiture a mis ses feux de détresse le temps qu'Alexandre monte à l'arrière. Un seul et énorme essuie-glace balayait la totalité du pare-brise.

Je m'attendais à ce que Roger Spiuma s'engouffre à son tour par la portière, mais il est resté sur son trottoir et a fait un salut.

C'est la première fois depuis toutes ces années que je repense à la scène. Je n'en avais pas compris le sens, ou je n'avais pas voulu. Et parce qu'elle me semblait sans logique, j'avais préféré l'oublier.

Au moment où la berline s'apprêtait à redémarrer, la vitre à l'arrière s'est entrouverte, une main en est sortie comme pour vérifier s'il pleuvait pour de bon, et j'ai reconnu, de profil, le visage de Mona.

J'ai été pris de vertige. Un bus est passé de l'autre côté du square, tout enrubanné de lumières, irréel, visages des passagers collés à la vitre, visages sans yeux ni profondeur, réduits à leur seul contour. Je me suis dit : *Ils attendent quelque chose de moi.* Ces visages d'inconnus tournés dans ma direction, la nuit les a emportés à toute vitesse, ils donnaient l'impression d'avoir été embarqués de force et d'attendre que je leur vienne en aide. Une main s'est posée sur la vitre, à plat, doigts écartés, appuyée comme pour faire céder la paroi. Ils allaient trop vite. Tout allait trop vite, le temps s'est contracté, les éclats de voix des passants, les stries de lumière, les éclats des enseignes mais de cette spirale infernale, la petite place semblait étrangement épargnée. Elle était vide et déserte, et glacée de silence.

Calée dans sa berline, Mona a tourné la tête dans ma direction sans me voir. L'ombre lui creusait les joues. J'ai vu ses yeux en fer de lance, son indifférence résignée en même temps qu'elle prenait une pose légèrement affectée.

*

Roger Spiuma emmenait Alexandre à bord de son Américaine et ils prenaient en route un troisième homme qu'il ne se donnait pas la peine de présenter. Spiuma et lui se parlaient, ou plutôt Spiuma l'interrogeait et l'inconnu répondait. La conversation était enregistrée sur un cassettophone posée sur la banquette arrière où Alexandre avait pris place. Tout le temps que durait l'échange, l'Américaine faisait le tour du périphérique. Il était question de déplacements récents à Francfort et en Bulgarie. Et d'un rendez-vous mensuel dans une chambre de l'hôtel Méridien, porte Maillot. Le nom de la Polex, la section de politique extérieure du parti, était régulièrement mentionné.

– *Il faudra sonoriser la voiture,* a dit Spiuma.

L'autre a répondu :

– *Il y aura le chauffeur.*

– *C'est quoi, l'adresse ?*

– *Un pavillon des Hauts-de-Seine. Ils ne seront pas regardants, ils mettront le paquet.*

L'homme, veste en tweed, fines moustaches et cheveux plaqués, avait une pipe à la bouche mais ne l'allumait pas.

– *Vous avez lu les carnets ?*

Haussement d'épaules.

– *Je m'attendais à des procès politiques, il n'y a que des histoires de cul et de maris trompés. Je l'ai suivi jusqu'à sa correspondance*

RER. La semaine prochaine, je le suivrai du RER à son domicile. Il ne faut pas s'inquiéter. Quand ce sera fait, on verra aussi clair chez lui que s'il habitait un aquarium.

Ce genre de rencontres s'est répété à plusieurs reprises. Spiuma et l'inconnu échangeaient sans prendre la peine d'expliquer quoi que ce soit, reprenant la conversation où ils l'avaient interrompue la fois précédente, si bien qu'elle était incompréhensible, autant essayer de décrypter un texte dont il manquait un paragraphe sur deux. Pourquoi malgré tout, prendre le risque qu'un témoin y assiste, tout en laissant ce témoin dans la plus parfaite ignorance de ce qui était en train de se jouer ? Alexandre n'a pas eu besoin de poser la question, il était suffisamment intelligent pour comprendre. Spiuma voulait lui laisser entrevoir, un bref instant, les arrière-cuisines du monde dont il ambitionnait d'occuper les premières places. Qu'il sache, même s'il ne devait pas y tremper, quelle odeur de vieux gras l'imprégnait.

Un autre jour, Roger Spiuma l'a emmené dans des caves d'immeubles et de pavillons en banlieue. Les pavillons étaient vides, ou bien l'occupant des lieux sans dire un mot se contentait de jeter un œil à la fenêtre, de derrière un rideau. Cela leur a pris une partie de l'après-midi. Spiuma avait les clés et derrière les portes pleines ou grillagées, étaient empilées dans un ordre parfait des caisses en plastique. Il a laissé entendre qu'il s'agissait d'archives du PCF. Affiches, tracts, procès-verbaux, enregistrements de réunions.

– Pourquoi ne sont-elles pas au siège ?

– Pour que personne ne les trouve.

Alexandre a fait la moue.

– On aurait aussi bien fait de les détruire, ç'aurait été plus sûr, si on ne veut pas que quelqu'un découvre ce qu'il y a dedans.

Spiuma a resserré la martingale de son imperméable et a haussé les épaules : *Il faut que tout cela reste secret, mais sans la trace écrite il n'y a plus de secret. Il n'y a plus que le vide. C'est gênant le vide, on ne peut pas vivre avec. Sans secret, il n'y a pas de pouvoir qui s'exerce, et sans trace écrite, il n'y a pas de secret.*

*

C'est ridicule. La dernière fois que je suis venu me poster à l'entrée du *Misty Moon*, je suis reparti en me disant que j'avais perdu mon temps. Et m'y voilà de retour aujourd'hui. Je n'ai pas pu m'en empêcher. J'ai pensé : peut-être suis-je passé à côté de quelque chose ? Quelque chose que je n'aurais pas su voir. Il doit bien y avoir un indice, un signe, une ombre, un repère, la trace d'un passage. Le centre commercial et sa salle souterraine sont les seuls points de contact tangibles dont je dispose.

Je reste là, en haut de l'escalier, incapable de bouger, comme penché au-dessus d'un gouffre. À force de scruter, je n'ai plus sous les yeux une volée de marches carrelées plongeant dans un ventre de béton, j'aperçois l'extrémité d'un animal pour le moment réduit à l'immobilité, mais dont l'intérieur résonne encore des secousses de la musique et des cris. Des cris suraigus. Je devrais entendre des hurlements de joie et de volupté, mais ce que je perçois, ce sont des râles de détresse. Des appels dans la nuit, une lente convulsion, dans une odeur rance de sueur et de poppers. Et plantée au milieu, la silhouette de Roger Spiuma.

Je laisse derrière moi la gueule grande ouverte au milieu de Montreuil, et reprends le chemin en sens inverse, la galerie marchande, la petite porte à la sortie d'une station de métro.

La lumière au-dehors n'est plus la même, elle s'est adoucie et les ombres se sont déplacées.

Je regagne ma voiture. Des dizaines d'immeubles barrent l'horizon avec leurs centaines de fenêtres comme de petits éclats de verre enchâssés dans le béton qui miroitent au soleil, et maintenant je roule jusqu'à l'échangeur de Bagnolet avec sa superposition de bretelles construites autour d'un parking géant. Les voies express ont été tracées comme si la ville et ceux qui y vivent n'avaient pas été là. Depuis, la ville cicatrise et repousse autour. On pourrait passer des heures à chercher la sortie de ces spirales de bitume tant la chaussée n'arrête pas de se subdiviser. Comme un tourniquet sans fin dont on va rester pris au piège.

Je prends la bretelle D, celle qui entre dans Paris en donnant droit sur l'avenue Ibsen. J'ai besoin de suivre une ligne droite, longue, qui trace. Sinon je ne vais pas parvenir à mettre au clair mes idées. Et il le faut. Catherine m'a donné rendez-vous à 11 heures, il me reste un quart d'heure.

Une nouvelle fois, elle me reçoit vêtue de l'une de ses tuniques aux imprimés indiens, serrée à la taille par une ceinture. L'appartement sent une odeur de brûlé qui rappelle la muscade.

Aussitôt qu'elle m'ouvre, je lui trouve une rondeur nouvelle dans le visage. Elle sourit davantage, ou plutôt, elle sourit sans la pointe de moquerie qu'elle fait sienne d'habitude. Une expression différente l'a remplacée. Je n'en suis pas tout à fait sûr, mais il me semble qu'il s'agit d'une légère inquiétude.

Elle me sert du thé. Le soleil illumine l'appartement. Quand je lui dis que j'ai passé des après-midi entiers à regarder la photo qu'elle m'a remise la dernière fois, que je suis allé voir deux fois ce qu'il restait du *Misty Moon*, elle n'a pas un mot mais elle hoche la tête, la lèvre inférieure retroussée et les yeux mi-clos, comme on le fait pour manifester son respect tout en se montrant ironique. Le genre de mimique le plus souvent accompagnée de la phrase : *Eh bien dis donc...*

Elle dit : *Je vois que tu ne t'arrêteras plus.*

J'ai remarqué : *C'est trop tard, mais si tu voulais que j'arrête, il fallait garder tout ça pour toi. Et c'est toi qui m'as donné rendez-vous ce matin.*

Elle penche la tête de côté et son regard se pose sur quelque chose derrière moi. Je me retourne. Il n'y a rien, rien qu'elle regarde vraiment. Elle fixe un point invisible sur le tapis. Une pensée lui est venue, qu'elle ne veut pas laisser s'échapper.

Elle me jette un coup d'œil interrogateur avant de revenir au point imaginaire. Par les baies vitrées, j'aperçois le faisceau de rails qui depuis la gare de l'Est découpent le paysage en morceaux, comme des points de suture.

Elle dit : *Je vais te faire gagner du temps.*

Elle remplit mon bol, puis le sien, les yeux fixés sur le bec de la théière.

– Tu es à Paris plusieurs jours ?

J'acquiesce.

– Je ne vais pas te laisser comme ça chercher des choses.

Elle relève les yeux et me fixe. Elle voudrait que je dise quelque chose, même inutile, du genre : *Des choses ? Quelles choses ?* Des relances comme autant de points d'appui sur lesquels elle pourrait compter pour continuer. Mais je n'en fais rien. Elle se redresse et d'un ton plus vif, demande :

– Tu ne t'es jamais posé de questions sur Mona ?

J'aimerais autant rester mutique, continuer à la fixer sans un mot, mais je sens que cela ne peut pas continuer comme ça. Alors je dis : *Sur Mona ?*

Elle se radoucit. Elle avait juste besoin de quelques mots qui délimitent un périmètre. Sinon, elle allait se retrouver seule perdue au milieu des phrases.

– Oui, Mona.

– Je pourrais dire que je n'ai pas arrêté de me poser des questions. Et peut-être que je m'en pose encore.

– Mais tu ne t'es jamais demandé ce qu'elle faisait avec Roger Spiuma.

Je la coupe.

– Je sais que le père de Mona et Roger Spiuma étaient amis. Ils étaient en relation. Le père était au parti lui aussi et par le passé, ils avaient eu des liens assez forts. Du moins, l'un avait rendu un grand service à l'autre.

– Tu tiens ça d'où ?

– Spiuma me l'avait laissé entendre. Des allusions, des sous-entendus.

– Mona avait hérité de la maison familiale. Elle ne manquait pas d'argent et elle travaillait dans cette agence de communication, même si je n'ai jamais su ce qu'elle y faisait vraiment. Mais elle a rempli un rôle particulier auprès de Roger Spiuma.

– Ils n'étaient pas amants. Cela m'a traversé l'esprit les premiers temps mais non, ce n'était pas leur relation. Elle était plutôt comme sa fille. Si c'est ça ce que tu cherches à me dire, je ne sais pas d'où tu le sors, mais tu te trompes ou on t'a trompée.

– Ce n'est pas ce que j'ai à te dire. Enfin, tu admettras qu'on ne comprenait pas vraiment ce que Mona venait faire là. Toi, Alexandre, moi, nous étions étudiants. Mais elle ? Que faisait-elle à Paris ou

dans sa maison du Sud ? C'était quoi sa vie, au fond ? Qu'est-ce qu'elle faisait avec un type comme Spiuma, même si son père et Spiuma étaient amis ?

Elle se rapproche comme si elle voulait être sûre que j'allais bien comprendre ce qu'elle s'apprête à dire, et qu'elle n'aura pas à répéter.

– Tu l'as dit, Roger Spiuma et le père de Mona avaient des liens très forts. Ne me demande pas les détails, je ne les connais pas, cela remonte au temps où tous les deux, au début des années soixante, faisaient partie des mêmes réseaux financiers. Mona le renseignait. Elle rendait service.

– Elle le renseignait ? Spiuma ? Sur quoi ?

– Elle détectait les gens qui allaient compter plus tard.

– Elle le renseignait sur nous ? Sur moi ?

Il lui échappe un sourire. Puis aussitôt après, elle paraît regretter sa réaction et son sourire se transforme. Je pense : *Elle sourit comme on sourit à un enfant.*

– Au début, on pariait beaucoup sur toi. Tu étais intelligent, tu étais beau, tu parlais bien. Mais très vite, il n'y en a plus eu que pour un seul.

– Alexandre.

Elle a un signe de tête.

C'est trop violent. Je ferme les yeux. Je voudrais dire : *Mais comment sais-tu tout cela, comment en as-tu entendu parler avec une telle précision ?* Et aussitôt après, je note ce *on* qu'elle a utilisé, qui peut-être veut dire *nous*. Mais d'abord il faut en finir avec ce qu'elle a à m'apprendre.

– Mais pour quoi faire ? À quoi cela aurait rimé tout ça ? On parle des années 1990 là. Le PC n'était déjà plus rien, il n'avait rien à attendre de quelqu'un comme Alexandre. Rien à attendre de quiconque ayant de l'importance.

– Je ne te parle pas du PC. Je te parle de Roger Spiuma. Lui attendait quelque chose d'Alexandre. Il avait un pacte avec lui. Si Alexandre avait été seul, vois-tu, dans les dîners et les soirées où il le faisait entrer, il serait passé inaperçu, parce que pour découvrir à quel point il était brillant, il aurait d'abord fallu que quelqu'un ait l'idée de lui adresser la parole. Tandis que là, avec Mona, il faisait la moitié du chemin. Et Mona renseignait Spiuma. Elle gardait un œil sur son protégé. Elle rendait compte de ce qu'il faisait, qui il voyait, vie publique et vie privée. Des faits assez banals somme toute, sauf pour quelqu'un comme Spiuma qui savait les mettre bout à bout et leur donner un sens. Elle était ses yeux et ses oreilles. Parce qu'il a vite compris, avec un instinct de chasseur, ce qui attendait Alexandre. Ce qu'il est devenu, il le savait déjà. Même ses discours d'aujourd'hui, il aurait pu les lui écrire et ça l'aurait bien fait rire.

Elle glousse, pose les poings sur ses hanches en balançant la tête pour produire un effet comique et tout en donnant aux mots les intonations de Spiuma, elle contrefait le ton insolent qui est devenu celui d'Alexandre lors de ses apparitions à la télévision. L'effet produit me paraît monstrueux. À croire qu'un ventriloque détraqué s'est caché dans la pièce : *Ne pensez pas que si vous réussissez, tout va bien, non, transformez votre pays, je ne céderai rien ni aux fainéants ni aux cyniques !*

J'éprouve le besoin de laisser passer un silence. Je me répète les mots de Catherine. Elle écarquille les yeux, surveillant mes réactions, comme quelqu'un prêt à intervenir si la situation dérape.

– Mais Roger Spiuma n'était plus grand-chose à cette époque. Pour ne pas dire rien. Qu'est-ce que ça pouvait lui rapporter qu'Alexandre réussisse ? Qu'il devienne quelqu'un d'important ? Cela n'a pas de sens. Pour le manipuler ? Dans quel but ? Ça n'a pas de sens du tout.

Elle paraît soupeser mes paroles avant d'opiner.

– Il y a des hommes comme ça, qui sont des chasseurs toute leur vie. Cela ne leur sert plus à rien mais ils ne peuvent pas se retenir. C'est comme un jeu, tu comprends. Tu déplaces un pion, un pion tu ne peux le faire bouger que d'une seule case à la fois, mais tu imagines que dix coups plus tard, cela aura changé un tout petit quelque chose à l'ordre du monde. Cela suffit à se sentir en vie.

Je n'ai plus la force de l'interrompre, et maintenant qu'elle est partie à parler, les phrases viennent toutes seules. Elle me dit que Mona, depuis qu'elle était adolescente, jouait ce rôle auprès de Roger Spiuma. Comme ces poissons des mers chaudes qui ouvrent la voie aux grands prédateurs ou aux reptiles marins. Elle le faisait par jeu. Par devoir. Peut-être aussi parce que parfois, on a juste envie de se conformer à ce que l'autre attend de soi. C'est trop de fatigue de lutter contre, et cela ne change rien. Et puis, à la fin de son adolescence, elle avait failli mal tourner. La bande qu'elle fréquentait tournait à l'éther et au speed. Spiuma l'en avait sortie.

– Sa mère avait rempli le même rôle avant elle. À la fin des années cinquante et dans les années soixante. Et à cette époque, Roger Spiuma ne chassait pas en solitaire. Il pratiquait en meute, pour la cause.

Je me souviens de la phrase de Mona lorsque j'étais allé la voir dans sa maison du Sud, l'unique fois où je l'avais entendue évoquer sa mère : *C'était quelqu'un dont je n'étais pas fière* ou quelque chose d'approchant.

Mon regard se porte sur un bahut qui occupe toute une longueur de mur. Ce doit être là que toutes ces années Catherine a entreposé le dossier cartonné contenant la carte du *Misty Moon* et le plan pour y parvenir, et cette photo d'Alexandre et Roger Spiuma qu'elle m'avait adressée après, m'avait-elle dit, avoir fait du rangement. La photo où tous deux m'admirent pendant que hors-cadre, je prononce un discours.

Je vois qu'elle devine mes pensées. À nouveau je me demande si elle n'a pas conservé toutes nos vies rangées dans ses tiroirs, des fiches bristol avec des étiquettes et des encres de couleurs différentes pour s'y retrouver facilement, avec le soin maniaque jusqu'au délire que mettent certains policiers dans l'accomplissement de leur tâche.

L'imprimante recrache la dernière feuille de la série, et aussitôt je l'aligne parmi les autres. J'en suis à une trentaine, disposées par rangées de six sur la moquette. Il me faut cet angle de vue précis, tandis que je me tiens debout, de toute ma hauteur je survole l'époque et les vies. J'ai pris soin de choisir un après-midi où Laure est absente.

D'où vient cette impression que les gens sur ces photos prises entre le début des années 1970 et le milieu des années 1980, ont l'air plus libres et plus beaux que nous le sommes aujourd'hui ? Plus libres et plus beaux que nous ne l'avons jamais été, et que nous ne le serons jamais. Comme si cette génération avait percé un secret qui s'était perdu avec elle. Nous ne sourirons plus de cette façon, nos yeux ne lanceront plus des éclairs pareils et ni nos bras ni nos jambes n'auront cette liberté quand nous marcherons d'un point à un autre. Ces gens s'habillaient comme personne avant eux et après les mots qu'ils disaient, la vie n'allait plus jamais être la même.

Une femme danse, vêtue d'un tailleur surdimensionné. Du moins, peut-on supposer qu'elle danse, jambes de travers, le buste cassé et les doigts sur le point de claquer. Un jeune Noir dans un collant pailleté, body échancré, s'est juché sur des sandales à plateforme. Un autre se déhanche sur des rollers. Un autre en mini-short, se tient chemise ouverte sur le torse. Le tissu épouse les courbes du buste.

Des marquis croisent des punks. Les habits sont électrisés. Un tatouage s'exhibe sur la chair tendue d'un biceps sur le point d'éclater. Ils semblent toujours prêts à tout recommencer, garçons et filles sur ces photos, une nouvelle année va démarrer, une nouvelle année à ne rien faire, juste danser, boire, dire des mots qui n'engagent à rien.

Je m'accroupis et détaille les images. Les arrière-plans m'intéressent avant tout. Des gaines de ventilation et des câbles suspendus à une passerelle. Un comptoir en inox. Un chapeau melon aspergé d'une poudre blanche. La poudre recouvre une partie de la calotte bombée et au moment où elle allait se répandre au sol, la rigole formée par le rebord en a retenu la plus grande partie. Un homme en costume-cravate, trench-coat plié sur l'avant-bras, l'air d'attendre son train sur un quai de gare dans la banlieue londonienne, un parapluie ou un attaché-case compléteraient la panoplie à la perfection, en observe un autre encagoulé de cuir, si près de lui qu'il pourrait le toucher. Il l'observe sans l'observer, méditatif, vaguement absorbé par ses pensées, sans rien trouver d'incongru à ce visage moulé dans une peau animale où perce le blanc des yeux. Des lutteurs de foire croisent des princesses de magazine, des moustachus en robe des motards d'opérette, des adolescents perdus au visage d'écolier, des bouches se cherchent parmi les fumigènes.

Mais celui que je cherche n'est pas là. Je veux dire : il n'est pas là, visible. Peut-être se perd-il parmi les centaines de visages réduits à un confetti. Il faudrait agrandir les tirages. Jusqu'à la démesure, que l'océan d'images déborde et m'engloutisse.

Je tente de deviner une corpulence, une attitude qui le trahiraient. Catherine, je le sais, n'a rien inventé, Roger Spiuma était bel et bien un habitué des nuits du *Misty Moon*. Il n'avait rien à faire là, mais les autres non plus. Le jour, ils ramassaient les poubelles, hachaient le bitume à coups de marteau-piqueur, marchandaient des crédits, pondaient des slogans publicitaires, vendaient du prêt-à-porter, éventraient les trottoirs à coups de pioche, enseignaient depuis une chaire à l'Université. On les voyait à la télé et ils passaient pour de purs penseurs, échafaudant des théories subtiles à l'excès, des assemblages de mots d'une logique insensée, logiques jusqu'à la folie pure. Ils suivaient des études en bons fils de famille. Ils récuraient des toilettes, siégeaient dans des conseils d'administration ou passaient pour des employés de bureau consciencieux, dont l'employeur n'avait qu'à se louer, qu'on imaginait le soir rentrer dans leur deux-pièces au sommet d'une tour et se mettre devant la télé.

Leur présence à tous était incongrue dans ce ventre de béton d'une cité de banlieue dissimulé aux regards. Et seule la démence de l'époque leur faisait se donner rendez-vous dans cet endroit où subitement la ville s'affaissait vers les abysses. La clarté filtrait encore depuis les degrés supérieurs de l'escalier monumental qui en livrait l'accès, pour diminuer peu à peu, puis disparaître à la moitié des marches. Les créatures s'enfonçaient dans ces grands fonds où le seul rai de lumière provenait du laser à l'autre bout de la salle. Une lumière décomposée. Le laser traversait les corps et à cette seconde, les hommes et les femmes avaient beau rire, crier, lever les bras au ciel, ils avaient l'apparence du réel mais ils n'existaient plus.

Si je veux m'approcher de Roger Spiuma, c'est dans cette trentaine de photos qu'il me faut chercher, davantage qu'à l'intérieur du centre commercial de Montreuil où je suis retourné l'autre jour. Là-bas, il reste des échos mais si faibles qu'ils sont inaudibles. Internet offre cette chance. Il suffit de taper *Misty Moon* sur son clavier et des dizaines de photos remontent à la surface.

Je le cherche lui et je cherche Mona, puisque je le sais maintenant, il en avait fait son avatar féminin. Elle n'était rien que cela. Une jeune femme dont il s'était emparé de l'esprit et du corps pour en faire le prolongement de sa propre existence. Régulièrement, il se réincarnait en elle, il parlait par sa bouche et ses yeux étaient une caméra qu'il promenait sur le monde pour qu'elle lui en retransmette les images.

Plusieurs silhouettes pourraient correspondre à la sienne au milieu du magma humain. L'épaisseur des épaules, la corpulence. Mais sitôt que l'une d'elles retient mon attention, trop de détails me font douter. Pourtant, je suis persuadé que si je parvenais à l'identifier, cela me suffirait à comprendre. Je comprendrais ce qu'il faisait là, ce qu'il venait chercher. Après quel type de proie il se mettait en chasse. Peut-être la proie n'était-elle pas un corps. Peut-être était-ce juste un moment précis qu'il guettait. Il y a des moments comme ça qui ne durent pas plus de deux secondes, mais en être témoin vous fait sentir vivant comme jamais. On ne devrait rien avoir à faire d'autre dans la vie que de s'y préparer. Un inconnu dans la pénombre d'une boîte de nuit prononce une phrase d'une certaine façon à un certain moment, ou bien c'est un simple geste, la manière qu'a le pouce d'actionner la molette d'un briquet, ou les deux mains qui se portent à la gorge pour rectifier un nœud de cravate derrière lequel la pomme d'Adam se rétracte, ou bien un pli au coin des lèvres tandis que les yeux rient, mais cette phrase ou ce geste suffisent, on se dit : *Si je n'ai vécu que pour entendre cette phrase ou surprendre ce geste, cela valait la peine*. On voudrait tout arrêter, faire répéter le geste ou répéter la phrase, mais l'inconnu y consentirait-il, il n'en serait pas capable, et nous non plus, c'est en vain que nous tenterions de retrouver l'extase procurée dans la minute qui a précédé.

Mon acharnement peut paraître absurde, parce que si soudain je le reconnaissais parmi les dizaines de clients du *Misty Moon*, il y a peu de chance que l'image suffise à m'expliquer sa présence. Et pourtant, je ne peux pas m'empêcher. Forcément, quelque part un indice, un signe sont susceptibles de me révéler ce qui jusqu'à présent se dérobe. Une façon qu'il aurait de se tenir ou de détourner le regard. Jusqu'au breuvage dont son verre serait rempli, qui me renseignerait sur ce qu'il faisait là. Même en noir et blanc, je pourrais échafauder des hypothèses. Et si je distinguais sa bouche, je tenterais de lire sur les lèvres les mots qu'elle articulait.

Quand Catherine m'a parlé du *Misty Moon*, j'ai été désorienté parce que la première image qui m'est venue a été celle de Spiuma tel qu'il m'était apparu la première fois dans le bar de la Contrescarpe, avec son costume bleu canard et sa cravate à motifs. Je ne connais pas plus que ça le *Misty Moon*, voilà bien des années que l'endroit a fermé, mais le peu que j'en sais suffit à me dire que cela ne cadre pas. À bien considérer ces photos, qu'il ait fréquenté l'endroit n'est pourtant pas si inattendu. Parce que ceux que j'y vois ont visiblement tout fait pour se rendre méconnaissables. Ils ont emprunté à d'autres non seulement leurs costumes mais leurs attitudes. Il ne s'agit pas d'un bal masqué au cours duquel on fait montre d'extravagance dans le travestissement mais l'on reste soi-même, et tandis que l'on se fraie un chemin parmi les fêtards, on s'entend dire : *Je suis bien déguisé, hein ? Mon costume est réussi ?* Non, il s'agirait plutôt de théâtre : on se costume et l'on est un autre à l'intérieur de sa tête. Habitués le jour à ce qu'on passe devant eux sans les voir, quand on ne détourne pas la tête, Antillais et Maliens du quartier paradent accoutrés en banquiers des années 1930 comme on en verrait dans les cirques, Borsalino de travers, costumes trois-pièces festonnés de perles et de torsades, ils fendent l'air du tranchant de la main et leurs jambes font des ciseaux sur la piste. Des gens qui visiblement n'ont jamais mis les pieds dans une usine portent un bleu de travail et à la limite, les taches qu'on y distingue pourraient passer pour de la graisse de machine, d'autres des combinaisons de cuir et un casque sans jamais avoir enfourché une moto ni même un cyclomoteur. Les fesses opulentes, des femmes au corps de matrone adoptent des poses de pin-up. Elles grimacent. Roulent des yeux. La chair usée déborde et retombe comme si elle s'était mise à fondre. Des hommes s'exhibent dans des tenues qui, parce qu'elles dégagent les épaules et le torse, sont faites pour mettre en valeur la puissance et la tonicité, mais ce qui saute aux yeux, c'est à quel point le corps dont ils font étalage est peu accoutumé à l'exercice physique. C'est visible, ce corps se tient le plus souvent assis, il n'a pas la plénitude et l'état de tension permanente, même au repos, que procurent le plein air et le travail de force. Et dans le cas, encore assez rare à l'époque, où il s'adonne à la discipline de la salle de sport, de petits riens laissent entrevoir la vérité. Un ouvrier ne bouge pas de cette façon comme s'il ne savait pas quoi faire de ses muscles et qu'il en faisait cas. Comme si cette masse, loin de lui appartenir, était une excroissance qui lui était étrangère. Les nouveaux musclés se repèrent aussi facilement que se reniflent les nouveaux riches.

Tout cela n'est pas sérieux mais chacun fait semblant. Cela fait partie des clauses. C'est la règle du jeu de ce carnaval de cuir et de sueur, sinon, autant rentrer chez soi. On ne peut pas jouer si on ne fait pas semblant. Toute envie de jouer prend racine dans le mensonge, mais un mensonge reconnu comme tel et qu'on partage pour s'en nourrir.

C'est ce que je vois d'abord tandis que je me tiens accroupi devant les rangées d'images, une tentative désespérée pour s'arracher à la vie que chacun s'était vue assignée. On croit qu'ils dansent, ils se débattent. Sur les photos prises en fin de nuit, les visages expriment une lassitude qui fait mal et les regards se perdent dans le vague. Ce n'est pas seulement d'être resté debout durant des heures, d'avoir trop parlé, trop ri, trop bu, trop absorbé de substances de toutes sortes. C'est d'avoir tant lutté pour se dégager. S'extraire de soi-même à la racine. Il faut y mettre une telle violence.

Je ferme les yeux et devine l'odeur. Je dois me contenter d'imaginer car je n'ai jamais mis les pieds dans un endroit comparable, mais je ne crois pas me tromper. Il ne faut pas longtemps pour qu'elle me parvienne, tandis que je me tiens accroupi dans le silence et la pénombre du salon. L'acidité se teinte d'amertume. Les haleines chargées d'alcool, la transpiration, l'odeur de cave du bunker géant, une autre odeur aussi que je n'identifie pas et pourtant elle persiste, d'origine chimique, j'ignore d'où elle me vient, l'impression est si faible qu'il m'est impossible d'en reconnaître la trace. Tout se confond, les odeurs que je reconstitue et celles qui me parviennent de je ne sais quelle mémoire, car je crois bien ne les avoir jamais expérimentées. Se peut-il qu'à force de vous tourner vers le passé, la mémoire d'inconnus vienne vous hanter à votre insu ? Et que les souvenirs qui étaient les leurs prennent la place des vôtres après avoir fait le vide ?

Après tout, je ne devrais pas m'étonner qu'il ait fréquenté cet endroit où la règle était de venir en costume de scène. Roger Spiuma était pareil à tous les autres qui venaient là pour vivre le contraire de ce qu'ils connaissaient en plein jour, c'est bien ce qui les relie.

Il est là, je le sais. Si je me concentre suffisamment, je vais entendre sa voix.

Une idée me vient, sans logique, et pourtant, elle s'impose. Je pourrais prendre n'importe quelle photo de n'importe quel endroit à n'importe quelle époque, ou peut-être même n'importe quel tableau figurant le plus banal portrait de groupe, et à l'arrière-plan, dans un angle, se confondant avec la pénombre, Roger Spiuma se tiendrait à l'affût.

5.
LA MAISON AU CERISIER

Quand je me suis marié avec Laure, je m'en suis rendu compte quelques années plus tard, ma vie a pivoté sur son axe. C'est-à-dire que l'arrière-plan a pris toute la place. L'arrière-plan, c'était le visage de Laure, sa froideur et son incandescence. À la fois sa voix traînante a quelque chose d'obscène et elle semble quand elle parle obéir à un rite immuable, imposé par une tradition sacrée. Rien ne l'atteint. Elle laisse passer la lumière, les mots, les événements.

Une fin d'après-midi, la grêle nous a surpris rue Sainte-Opportune. Les passants se sont précipités sous les auvents des boutiques. Nous avons trouvé refuge sous un store, serrés contre d'autres naufragés. Quelques-uns, plus pressés, impatients, se hasardaient hors de l'abri et filaient au pas de course, col relevé, grimaçants, mitraillés par les rafales. Ils hésitaient de prime abord, prenant appui d'un pied sur l'autre, pour finalement se jeter dans l'obscurité, enveloppés d'un nuage de pluie. Le vent s'en est mêlé, de grandes claques d'air qui faisaient s'envoler jusqu'en haut des immeubles la vapeur qui montait des trottoirs. Laure et moi avons relevé la tête. Au-dessus de nous, des gouttes perçaient la toile avec la régularité d'un métronome. Des filets d'eau partaient dans tous les sens, comme des traits tracés à l'encre, de petits éclairs à la surface du store. Nous sommes restés à contempler ce paysage abstrait, balafré de lignes entrecroisées, serrés contre des inconnus grelottants, tandis que de l'autre côté de la rue étincelaient les vitrines des restaurants. Cette fin d'après-midi, j'ai éprouvé la même certitude que la fois où de retour de Paris, peu de temps auparavant, elle m'avait raconté avoir été quittée par son amant sur un banc du parc Monceau ou Montsouris. La certitude absolue que nous finirions nos vies ensemble. Cela ne prêtait pas à discussion et c'était très bien ainsi.

À la même époque, nous avons acheté la maison au cerisier. J'ai senti quand nous nous y sommes installés que j'arrivais à destination. À l'ouest, la vue s'ouvrait en grand sur la campagne alentour, un assemblage de découpes géométriques de tous les verts possibles, qu'on aurait cru taillés dans des peaux ou des chutes de tissus. La nuit, j'entendais les chouettes malgré les volets clos. Elles m'appelaient, je ne peux pas dire autrement, elles semblaient vouloir me dire quelque chose. Un râle désagréable et poignant.

Quelques mois après que j'avais suivi Roger Spiuma et surpris Alexandre rejoignant Mona à bord d'une berline, nous nous sommes retrouvés tous les quatre. Alexandre nous a annoncé son entrée au sein d'un cabinet ministériel du gouvernement Jospin. Nous marchions rue Croix-des-Petits-Champs, ils étaient venus me chercher à la sortie de la Banque de France où j'avais été appelé pour les besoins d'une réunion.

C'était l'hiver 1998. Un temps au bord de la neige, l'humidité imprégnait Paris tout humecté de froid dans une clarté jaunâtre. Mais je n'ai pas eu le loisir de flâner. Mona m'a pris par le bras et, de façon imperceptible, a imprimé une allure plus vive, si bien qu'en peu de temps, nous avons laissé Alexandre et Spiuma derrière nous. Je me suis demandé en souriant si à leur tour ils allaient se mettre à cheminer bras dessus bras dessous, je me serais presque retourné pour voir. Mona s'est mise à parler de Laure. Elle m'a dit qu'elle était heureuse pour nous deux. Elle a souri : *C'est curieux, qui aurait dit cela autrefois ? Vous vous connaissiez mais vous ne vous fréquentiez pas beaucoup.* J'ai répondu : *J'étais trop occupé à être ta dame de compagnie.* J'étais parti pour dire cela dans un sourire, presque un éclat de rire, mais en chemin, la phrase a vrillé et sans que je l'aie prémédité, le ton s'est durci sur les dernières syllabes.

Mona n'a pas paru s'en apercevoir. L'allure plutôt vive de son pas contrastait avec son visage aux traits relâchés. Elle a resserré son étreinte, comme si elle craignait que je me détache, et a forcé l'allure, Alexandre et Spiuma se trouvaient maintenant à une vingtaine de mètres en arrière. À rebours, ils semblaient marcher de plus en plus lentement, et la distance se creusait.

Mais tout en souriant, l'air attentif à ce que disait Mona, j'écoutais. Je surprenais des phrases. J'étais comme ces postes récepteurs qui, la nuit, captent les voix du monde. Des phrases passent, puis s'éteignent. Mon monde à moi, c'était nous quatre entre les jardins du Palais-Royal et la rue d'Aboukir.

La voix de Spiuma me parvenait. *Ah, la, la !* Puis : *J'ai été comme ça, moi.* J'ai cru me souvenir qu'il avait déjà eu cette phrase le soir où je les avais surpris tandis qu'ils attendaient la limousine monumentale à bord de laquelle j'avais aperçu Mona.

Celle d'Alexandre était moins audible, et les mots de Mona la couvraient. De nouveau, Spiuma s'est fait entendre : *Vas-y, dis ce que tu as à dire, lâche-toi... Oui, mais il faut passer à travers les mailles du filet.*

Les mots se superposaient, les syllabes mordaient l'une sur l'autre, les mots de Mona, les mots de Spiuma, allaient et venaient dans ma tête.

Sur le cadran, un signal s'est allumé et Alexandre a décroché après avoir appuyé sur la touche. Téléphone collé à l'oreille, il a hoché la tête sans dire un mot, juste quelques *hum, hum,* a attrapé un papier adhésif sur lequel il a griffonné quelques notes, une suite de lettres, de chiffres, une date. Avant de m'adresser un clin d'œil, histoire de dire qu'il ne m'oubliait pas.

Quelques semaines après la promenade avec Mona et Roger Spiuma où il nous avait annoncé son entrée dans un cabinet ministériel, Alexandre m'avait proposé de m'en faire visiter les coulisses. Rendez-vous avait été pris un lundi en fin de soirée.

J'ai toujours été fasciné par ce genre de téléphone, un gros bloc de plastique avec des touches innombrables impeccablement alignées. Il en trône sur les bureaux des gens importants qu'on voit sur les photos, à côté de deux ou trois autres appareils plus ordinaires, dont on devine que l'un sert aux conversations intimes, comme en a tout personnage quelle que soit son influence, les enfants qui appellent pour réclamer l'argent de poche d'une sortie, un problème domestique à signaler, un ami avec lequel caler un rendez-vous dans le seul but de partager un café, tandis qu'au contraire, les touches qui s'alignent sur l'énorme machine livrent chacune l'accès à un temple du pouvoir.

Autour de lui, cinq ou six garçons s'affairaient, des dossiers plein les mains et la mine concentrée. Un cadran sur un bureau indiquait l'heure : une heure du matin passée. Ils avaient l'air déguisé, je me suis fait la réflexion pendant que je patientais. Je ne sais pas si le mot *déguisé* convient. Ils étaient jeunes. Ils portaient le cheveu plus long que les deux ou trois fonctionnaires croisés dans le couloir à mon arrivée, mais ils n'avaient pas non plus l'allure des jeunes gens de leur âge. Aucun trentenaire ne se choisissait des vestes en tweed supposées donner une touche britannique, ni ces costumes portés sur un gilet en laine derrière lequel disparaissait la cravate à rayures. Aucun trentenaire n'avait le réflexe, m'apercevant, de boutonner sa veste comme s'il fallait s'apprêter pour une photo. Encore moins aurait-il pris soin d'arborer une pochette assortie. Et pourtant, ces attributs vestimentaires ne rendaient pas le même effet que chez des hommes plus âgés. Ces jeunes gens paraissaient déplacés dans un temps et un espace qui n'étaient pas les leurs.

Alexandre a murmuré : *C'est noté, oui… Prêt pour demain soir. Oui, il faut préparer la réponse.*

Tout à l'heure, quand il m'avait fait entrer dans la pièce, il m'avait glissé : *Alors tu vois, là on est à l'intérieur de la machine.*

Maintenant, la conversation s'éternisait. *Non, non, une réunion rapide, concise, pas de palabre. Type managérial... Pas d'ordre en pointillé ou mi-chèvre mi-chou. Des plateaux-repas, oui.*

Ils avaient l'air de gamins, en vérité, et Alexandre aussi, dont la tignasse blonde s'était un peu assagie depuis nos années à la Contrescarpe, mais pas au point où elle l'est aujourd'hui, où elle s'est laissée domestiquer par des soins répétés.

J'ai entendu des phrases, quelqu'un a dit : *Celui-là, il faut lui mettre la tête sous l'eau, et on va le laisser barboter un peu comme ça,* je ne savais pas précisément de qui il parlait mais il s'agissait d'un ministre. C'était dit sans hargne ni méchanceté. Cela voulait dire : *C'est de bonne guerre, c'est ce qui se fait, tout le monde doit en passer par là et c'est même lui rendre service, chacun verra combien de temps il peut tenir sans respirer.*

Des gamins, oui c'était bien cela, une bouille sortie de photos de classe de lycée, qui avaient déployé de gros efforts pour maquiller ce qu'il leur restait de jeunesse. S'il se glissait une excentricité dans leur tenue, elle semblait le fruit non pas d'un esprit libre, mais d'un calcul savant et prémédité. Plus attendrissants que têtes à claques, me suis-je dit, à la seconde où Alexandre a raccroché.

Il s'est levé, m'a pris par le bras.

– *Bon, j'ai faim moi !*

Il s'adressait autant à moi qu'aux autres. Plusieurs ont relevé la tête, rigolards.

– *Y en a un autre !*

– *Chez le Libanais ?*

– *Tu sais bien qu'il est fermé.*

Ils étaient frais, agiles, ils avaient envie de mordre dans les histoires et les mots. Volontiers méchants, avec désinvolture. Excités du pouvoir qu'ils se découvraient, de la toute-puissance d'un coup de téléphone ou d'une note ajoutée à un dossier. J'avais eu la même ivresse à leur âge. Ils se voyaient entre eux à la sortie du bureau, buvaient des verres, se lançaient des phrases à la figure, tout ce que je ne savais plus faire. J'en ressentais un léger agacement. Ils étaient bruyants et contents d'eux, les mains sur les hanches, se donnant des airs, se voulant drôles et sachant l'être. Mais sans doute aurait-on pu dire la même chose de nous quand nous nous retrouvions à la Contrescarpe. Ils avaient ça : un trop-plein qui déborde.

La petite troupe et moi sommes descendus au rez-de-chaussée. Derrière une cage d'escalier, une porte ouvrait sur un entresol. Une salle baignait dans la pénombre où s'alignaient des frigos. Alexandre a dit : *C'est ce qui reste des déjeuners du ministère.*

Quelqu'un a remarqué : *J'espère qu'ils ne sont pas là depuis trop longtemps !*

Ils ont ouvert les frigos, des plats sont passés de main en main. La seule source de lumière, une veilleuse au plafond, répandait une clarté de sous-marin. Ça gloussait, ça piaulait. Les plats à moitié entamés laissaient voir sous des films transparents des nourritures en gelée dont j'avais du mal à reconnaître l'origine dans leur coque translucide et tremblotante. Une assiette était remplie de tranches de viande écarlates. Le pourtour avait viré au rose brun mais le centre saignait comme une blessure.

Nous avons pris place sur des tabourets autour de tables hautes en inox comme on en voit dans les cuisines professionnelles. Cela sentait la vinaigrette froide et il restait dans l'air un relent de rôtisserie mêlé à la javel.

Ils se mitraillaient de paroles. Ils disaient le PR, le PM, rarement des noms propres. Des phrases de gens qui vivaient dans l'urgence. Parce que leurs missions l'exigeaient et qu'ils aimaient ça : se sentir seuls au monde. Ils se lisaient des messages, envoyés ou reçus. *M. le PM, je suis à votre disposition pour faire un point sur la situation.* Ou bien : *Mais qu'est-ce que tu as dit au PM l'autre soir ? Tu as réussi à lui faire peur.*

Deux soupiraux vitrés donnaient côté rue, ils laissaient entrer une clarté fantomatique, alimentée par les lampadaires et les phares des voitures, qui s'insinuait et découpait des ombres.

Des phrases s'enchaînaient. Les mots s'entrecoupaient. *Tu as vu, elle sait tenir son bout de gras en réunion, faut pas lui marcher sur les pieds. — Ils sortent ensemble ? Personne n'est au courant. Ça ne va pas plaire à la patronne.*

Il n'y avait pas assez de couverts, on mangeait avec les doigts.

Ils ont débité des noms, Diomède, Zidane, Dugarry, Djorkaeff, Baiano, c'était la Coupe du monde de football.

Quelqu'un a attrapé une poêle et l'a frappée en rythme du plat de la main.

Ils s'y sont mis à plusieurs. Dans l'outrance. À chanter en yaourt, *yop, yop, yop*. À balancer des hanches et se plier en deux dans leurs habits aussi sévères qu'arrogants, moi au milieu me balançant mollement parce que si j'étais entré dans leur jeu, je me serais senti encore moins à ma place.

Alexandre a claqué des mains. Il a suivi la musique en se déhanchant, ses mèches blondes collées aux tempes, les pieds en dedans, genoux pliés, avant de se détendre comme un ressort. Il a bondi en l'air en écartant les bras, dans cet entresol qui sentait le jus de cuisson et le détergent. Il y est resté suspendu un temps qui m'a paru interminable, j'ai cru qu'il n'allait pas redescendre.

*

Mona est venue nous rendre visite, dans la maison au cerisier. Entre deux averses, nous sommes sortis faire un tour sur les chemins de campagne, elle et moi. Le ciel était bas et sans le vouloir nous marchions en courbant l'échine. Autour de nous, la terre était rase, quelques jardins, des maisons aux volets clos. Des chiens aboyaient sans qu'on les voie.

Mona m'avait dit : *Et si on sortait marcher un peu,* tandis que Laure lisait au salon. J'avais commencé par refuser sous prétexte que je devais préparer le repas du soir. La vérité est que je n'avais plus trop envie de l'entendre me raconter ses histoires. Mais je m'étais ravisé.

La maison au cerisier est bâtie non loin de la Marne. Nous avons longé une rue bordée de villas dont l'arrière donne sur le fleuve. Pas de ces villas prétentieuses qu'on trouve dans les stations balnéaires, celles-là avaient perdu de leur éclat et on ne comprenait pas toujours très bien où passaient les murs de clôture. Une série d'allées étroites, encombrées d'herbes folles, menaient au fleuve entre deux palissades : un passage idéal pour se faufiler, se dissimuler ou couper au plus court. Se rendre à un rendez-vous sans être vu. L'idée m'était venue la première fois que je m'étais aventuré de ce côté. Se glisser entre deux façades, entre deux vies, n'être ni là ni ailleurs.

Par endroits, plusieurs bâtisses occupaient un même terrain sans qu'on saisisse s'il s'agissait d'une seule propriété. L'aile d'une villa pouvait appartenir à une propriété et le corps de logis à une autre. Le quartier, c'était le cas à l'époque et ça l'est resté depuis, a quelque chose de déjeté, sans qu'on sache dire quand il a commencé, malgré son côté *old money,* à partir de travers et se désorganiser. Les jardins sont remplis d'ombres et entretenus à la va-vite. Dans un recoin, sous un auvent, une housse dissimule un petit voilier ou une berline qui à l'évidence n'ont plus servi depuis longtemps.

Tandis que nous cheminions ce jour-là, Mona et moi, j'ai tourné la tête et je lui ai remarqué, quand la lumière l'éclairait sous un certain angle, du gras aux pommettes et au menton. Le gras lui jaunissait la peau. J'ai pensé à ce jaune très particulier qu'a le gras de certaines volailles.

Elle est revenue l'été qui a suivi. Au dîner, nous avons bu trop de vin. Les fenêtres étaient ouvertes sur la nuit. L'air pesait. Mona était lente. Elle a dit : *Je me suis rendu compte l'autre jour que plus jamais de ma vie je ne toucherai une peau jeune.*

Ses mots m'ont fait sursauter. L'effet unique que produit le contact avec un grain de peau si particulier, son élasticité et sa résistance au toucher, l'état de contraction légère et permanente qui disparaît passé la vingtaine pour laisser place à un effet plus granuleux et relâché, moi aussi je devrais vivre avec l'idée qu'il ne serait plus qu'un souvenir, même si cela n'avait pas la même importance que pour elle. Ce souvenir n'allait pas cesser de s'éloigner. Le cap de la trentaine franchi, nous allions passer le reste de notre existence avec cette impression que quelque chose nous échappait, de vital et miraculeux. De petites entailles par lesquelles la vie s'en allait goutte à goutte, presque sans douleur, sans que sur le coup nous nous en rendions compte.

Je me suis rappelé la soirée au restaurant près de la Seine il y avait moins de dix ans, où elle était arrivée si tard. J'ai revu la phalange de garçons qui lui tournaient autour. Elle avait dit : *Je suis malheureuse*, mais ce malheur c'était encore la vie.

Quand elle est allée se coucher, Laure et moi sommes restés au salon à prendre un dernier verre. Nous en sommes venus à parler d'une connaissance commune, et je ne sais plus comment, j'ai fini par dire qu'elle était vraiment laide. Laure a porté son verre à ses lèvres, elle a éteint une des lampes pour plonger la pièce dans une demi-obscurité puis elle a dit : *Elle n'a pas de beauté mais ce n'est pas la question. Certaines femmes sont laides mais attachantes. Regarde Mona, par exemple.*

Je me suis redressé comme si j'avais posé la main sur un objet brûlant. J'ai été sur le point de la contredire, j'allais m'offusquer : *Mais Mona n'est pas laide du tout, voyons,* une dizaine d'années ont défilé sous mes yeux, un précipité d'images, éclairées sous un jour tout à fait nouveau. J'ai vu Mona, le nez busqué, la joue grasse, une charpente grossière. Mona, à laquelle j'associais depuis toujours l'idée de la beauté, une beauté impériale et sûre d'elle-même, hors du temps, à donner le vertige, un seul mot l'en avait dépouillée. Je ne savais plus pourquoi je l'avais trouvée belle, pourquoi j'avais eu peur d'elle, car je l'avais crainte comme un païen son idole.

L'hiver suivant, elle est revenue passer une fin de semaine à la maison, le dimanche soir nous avions convié des amis. Quand elle est apparue dans l'encadrement de la porte, répandant son éclat dans la nuit, telle que je ne l'avais pas vue depuis des années, j'ai cru retrouver la Mona d'autrefois. La reine d'un royaume oublié, ressurgie sans prévenir une nuit d'hiver. Je m'en aperçois aujourd'hui, nous n'avons pas parlé d'Alexandre une seule fois, ce qui nous était rarement arrivé. Je n'avais pas envie de la questionner, de prononcer comme j'en avais l'habitude, obéissant à un code tacite, l'une de ces phrases toutes faites qui d'entrée de jeu établissent une connivence : *As-tu des nouvelles d'Alexandre ? L'as-tu revu ?* C'eût été pur réflexe, car des nouvelles de lui, si j'avais voulu en prendre, je l'aurais pu sans problème, nous restions en contact. Ou plutôt si, je m'en souviens maintenant, elle a mentionné son nom à une occasion. Elle était allée à une soirée à laquelle il l'avait invitée à Paris. Peut-être le grand mamamouchi était-il encore cette fois de la partie, et sans doute Spiuma également, j'avais cru comprendre qu'il avait été sinon présent, du moins actif en coulisse. L'une de ces soirées où l'on croise des filles de grands médecins ou de hauts fonctionnaires, nonchalantes et sûres d'elles. Depuis toujours la vie leur va comme un gant, elles sont dans l'ordre des choses. *Je suis partie tôt, sans lui dire au revoir et le lendemain, j'ai repris le premier train. C'était trop ennuyeux. Je ne supporte pas l'ennui, ça me met en colère, comme si on me volait quelque chose. Je n'ai pas eu de nouvelles depuis*. Elle n'a pas cherché à savoir si j'en avais.

Mona a parlé longuement avec nos amis mais tandis que plus tard dans la soirée je m'affairais dans l'arrière-cuisine, vérifiant s'il fallait rentrer des bûches pour la cheminée, je l'ai aperçue qui venait du couloir donnant sur la cour. Elle m'a dit : *Je suis sortie regarder le jardin.* Elle était sortie seule au milieu du froid, regarder l'hiver et la nuit.

Par la suite, au milieu de nous tous, nous étions une dizaine, j'ai surpris son regard. Elle ne regardait personne, l'air de contempler un désastre. Elle est partie tôt, avant minuit. Au moment de me coucher, j'ai revu son visage. Maintenant qu'elle était réapparue intacte, identique à celle que j'avais connue, surgie du néant pour s'y ensevelir aussi vite, j'ai pensé : *Le mieux serait de ne plus la revoir. Ce soir où elle est venue, où elle s'est ouverte puis refermée comme une fleur, serait la scène finale idéale.*

*

Alexandre et moi nous étions donné rendez-vous place Maubert. Il marchait d'un pas agile. Il m'a parlé à demi-mot du cercle souverainiste qu'il continuait à fréquenter malgré son poste dans un cabinet ministériel, des réunions le soir en banlieue, des discours dont il était devenu la plume. Il aimait ça. Il était rapide. On l'appréciait.

– Je me suis fixé une règle, tu sais. Quand on me pose des questions sur les autres, je réponds le moins possible. Et quand on me pose des questions sur moi, je ne dis rien du tout.

– Mais tu n'as pas de secrets.

– J'en aurai peut-être un jour.

Je lui ai demandé s'il voyait toujours Roger Spiuma.

– Ah ! Roger !

Pas un mot de plus mais je ne l'avais jamais entendu parler de lui de cette façon. D'habitude, dès qu'il s'exprimait à son sujet, il se déposait comme un voile sur les mots. Comme s'il évoquait une puissance supérieure. Maintenant, il disait *Ah ! Roger* en marchant les mains dans les poches et il avait l'air de parler d'un vieil oncle dont on pardonne les excentricités parce qu'on l'aime bien. Il n'a rien ajouté. Il souriait. Le vent se prenait dans ses cheveux.

– J'ai rencontré beaucoup de gens ces derniers mois. En grande partie grâce à Roger, d'ailleurs. Ils voient tout d'un point de vue

différent. Tout ce qu'ils disent change quelque chose. Tu sais, dans ma famille, ce qui se disait ne faisait pas de différence. C'était du bruit et rien d'autre. Comme si les gens parlaient uniquement par peur du silence.

Il s'est aperçu qu'il discourait depuis maintenant un moment. Il a juste ajouté : *Il y a tellement de mondes qui se dévoilent.*

La conversation a pris une tournure étrange. Alexandre quand il s'exprimait, procédait par tâtonnements. Il semblait y avoir d'autres mots sous les mots qu'il employait. Il disait une phrase et il fallait comprendre non pas quelque chose d'autre, mais quelque chose en plus qui n'était pas dit. Il a continué comme ça plusieurs minutes, cherchant à s'approcher de ce qu'il voulait énoncer, procédant par d'infimes mouvements. Je ne sais pas s'il cherchait les mots pour exprimer le plus justement possible sa pensée, ou s'il les cherchait pour la dissimuler.

J'ai eu envie de trancher. De sortir de cette conversation pleine de trous et de déchirures.

– Mais tes souverainistes, ça ne va aller qu'un temps, tout de même, tu le sais bien. Tu ne vas pas faire campagne contre l'Europe alors que tu es inspecteur des finances ?

Il a haussé les épaules. C'était nouveau chez lui, rien ne l'atteignait. Il marchait et parlait avec une facilité dont il n'était pas coutumier. Une façon de balancer les jambes et de lancer les mots.

– Je ne sais pas. Il faut aller où on doit aller. Et je n'ai pas tellement de vies de rechange.

De façon décousue, il a laissé entrevoir ce qu'était en train de devenir sa vie, dont j'avais eu un aperçu la nuit où nous avions pique-niqué et dansé dans les cuisines du ministère.

En référence à *Star Wars*, lui et les autres conseillers surnommaient entre eux le cabinet *Le Destroyer impérial* avec ses baies vitrées et ses puits d'équipage, et la clarté bleutée des propulseurs. La même clarté qui se découpait aux fenêtres les nuits où ils travaillaient tard.

– *Moi, j'aurais préféré* Le Chasseur Vautour *à cause de sa complexité. Et surtout ses longues pinces qui dissimulent des canons. Mais ils n'ont pas voulu, ça ne les faisait pas rire.*

Il m'a raconté les ministres qui se détestaient en silence. Les nuits à l'Assemblée à suivre le sort réservé aux textes de loi. Le bureau de l'avenue de Ségur où on l'avait cantonné avec le bas clergé de la machine gouvernementale, les équipes des secrétaires d'État. La jouissance de chasser en bande. Une communauté qui relevait de l'irréel, fonctionnant selon ses rites, coupée du monde et dressée au combat. Manger et dormir au bureau, le jour, le soir, les dimanches. Vivre chaque minute comme exceptionnelle, dans un déséquilibre permanent. La nuit, se nourrir des restes des ministères, du Libanais ou du Brésilien d'à côté, qui à la suite d'un arrangement, laissaient les clés de leurs frigos. Se laisser humilier. Sourire. Aimer les coups, les recevoir, les donner. Détruire l'autre à coups de mots. Se conduire pire qu'une bête.

J'ai compris ce qu'il voulait dire, il n'avait pas droit à l'erreur. Parce que s'il se loupait, lorsqu'il se retournerait pour faire le bilan, le seul paysage qui s'offrirait à lui, serait celui des samedis après-midi passés en solitaire à se promener dans le parc imaginaire du tapis du salon familial, à divaguer jusqu'à se perdre. Le tapis avait la dimension d'un parc, la maison de ses parents celle d'une île, et lorsqu'à l'approche du soir, il s'agenouillait devant la baie vitrée, elle était comme un écran qui projetait en boucle un film sans début ni fin, rempli de chevauchées et de héros bondissants, voltigeant accrochés à un lustre. Il m'avait dit cela un jour : *À la fin le méchant a droit à une belle mort, c'est sa scène, personne ne peut la lui voler, quand le châtiment se lit sur son visage, sa souffrance doit être terrible jusqu'à l'insupportable et il est obligatoire qu'elle se voie.*

Il m'a attrapé par l'épaule :

– Et toi, qu'est-ce que c'est cette idée d'entrer à la Banque de France ? Tu t'installes dans un palais fantôme. Ce n'est plus là, le cœur des choses. Il faut aller au cœur des choses.

Je n'ai pas répondu. Il avait raison. Mais je n'avais plus tellement envie d'être *au cœur des choses* et peut-être au fond ne l'avais-je jamais eue. La périphérie m'allait très bien, c'était encore la meilleure place pour tout voir.

Il a posé ses deux mains sur mes épaules et m'a tiré en avant jusqu'à ce que je sente son haleine. Ses yeux brillaient d'un éclat métallique.

– Promets-moi une chose, d'être toujours là l'un pour l'autre. Un jour, je t'appellerai. Tu seras dans ta succursale en province, mais je t'appellerai et nous aurons de grandes choses à accomplir ensemble.

Je n'en revenais pas. Il répétait mes propres mots, prononcés il y aurait bientôt dix ans, quand nous avions quitté la rue Saint-Guillaume. Cela m'a fait un drôle d'effet, de m'entendre dans sa bouche. Comme s'il s'était glissé à l'intérieur du personnage que j'étais alors, volant mes mots et volant mes rêves. Je ne sais pas s'il l'a fait intentionnellement, s'il a dit cela pour me renvoyer à mes propres paroles tandis que je m'apprêtais à un stage de deux mois en province et qu'il m'avait accompagné un matin de bonne heure à la gare Montparnasse. J'ai eu envie de lui demander s'il avait toujours sa Dyane mais bien sûr, cela n'aurait pas eu de sens, pas à ce moment-là. J'ai hoché la tête en signe d'assentiment.

– *Je ne sais pas quand cela viendra*, a-t-il continué, *peut-être serons-nous restés des années sans nous revoir, mais je te ferai signe et tu devras répondre. Ce que nous avons à vivre, nous avons à le vivre ensemble. Nous ne pouvons pas laisser les autres décider et agir à notre place.*

Il a balancé la tête, l'air de quelqu'un qui au fur et à mesure qu'il parle, se conforte dans son propre sentiment.

– *Le monde ne peut pas se faire sans nous. Nous leur montrerons de quoi nous sommes capables.*

À cet instant, il m'a fait l'impression de se parler à lui-même davantage qu'à moi. Je n'étais déjà plus là. Il fixait en marchant la pointe de ses chaussures. Ses dents brillaient. De nouveau m'est venue l'idée que j'étais d'Artagnan et lui Aramis. Je ne savais pas encore que peut-être Mona était notre Milady.

Nous sommes passés devant la fontaine au carrefour de la rue Linné, face au Jardin des plantes, et à la vue du crocodile qui tourne la tête selon un mouvement que les lois de la nature lui interdisent, Alexandre et moi avons ri aux éclats.

*

Plusieurs années se sont écoulées avant que Laure et moi passions une fin de semaine dans le Sud, chez Mona. C'était à l'été 2005, elle fêtait ses quarante ans. Face au bec rocheux qui se profilait depuis ses fenêtres, j'ai eu l'impression de venir pour la première fois, pour la première fois *vraiment*. La fois précédente, j'étais comme possédé. Je n'avais pas vu cette lumière, ni la montagne ni l'ancienne forteresse perdue dont les restes égrainés sur une ligne de crête se confondaient avec la roche. Je n'étais jamais venu ici et peut-être même n'avais-je jamais connu Mona. Elle me hantait mais je ne la voyais pas.

D'un mot, Laure avait rompu le sortilège : *Certaines femmes sont laides mais attachantes. Regarde Mona, par exemple.*

C'était un jour de soleil. Laure et moi avons laissé Mona à ses préparatifs pour aller déjeuner en ville et marcher dans les rues. La chaleur montait. Le métal des clôtures brûlait sous la main. C'était une ville de fontaines, de grilles et d'arcades. Tandis que nous roulions, de retour vers la maison, le ciel s'est balafré d'éclairs blancs.

Je ne connaissais personne parmi les invités. J'ai repéré quelques Zoran et Youssef, de ceux qu'elle voyait à notre insu quand elle était à Paris. Ils étaient faciles à dépister, certains, bien qu'ils n'en aient plus l'âge, avaient conservé la panoplie survêtement-baskets de l'époque. Le fuselage des cuisses pour lesquelles était conçue la coupe du pantalon avait disparu, et le renflement de l'abdomen n'allait pas tarder à passer par-dessus l'élastique de la ceinture, mais la crânerie qu'ils avaient apprise très jeunes, presque enfants, ils l'affichaient encore. Je me suis amusé à deviner lequel d'entre eux était le garçon au perroquet tatoué qui l'avait empêchée un soir d'assister à notre dîner de bord de Seine. Peut-être traînait-il aussi dans l'assemblée quelques survivants des années punk mais ils étaient plus difficiles à reconnaître, eux s'étaient montrés assez malins pour en abandonner depuis longtemps les codes et se fondre dans le tout-venant.

Mona passait d'un groupe à l'autre, impassible et souveraine, se déplaçant à pas lents. Elle laissait tomber un mot ou échapper un sourire, l'air s'électrisait et les regards se troublaient. Les tables étaient dressées dans un pré en contrebas de chez elle. Je me suis mêlé avec Laure aux gens qui divaguaient, un verre à la main, contemplant dans le couchant le bec de roches qui pointait vers le ciel. Sous cet éclairage, les montagnes avaient rapetissé.

Quelqu'un a mis de la musique. J'ai pensé à Alexandre, à la nuit aux Folies Pigalle, Mona et lui emmêlés dans la foule. À l'apparence animale qu'il avait laissé voir au moment de danser. Sans harmonie ni légèreté, une façon désordonnée de balancer les bras et de sauter sur place, comme s'il piétinait le sol avec violence, mais magnifique tellement il était bestial. Incroyablement libre. Rapide. Saccadé. Les lasers zébraient les visages.

Un garçon, un homme plutôt, allure adolescente mais le cheveu filasse et le teint brouillé par l'âge, a sabré sous mes yeux une bouteille de champagne. Puis une autre. Une autre encore, il n'a plus arrêté. Le bouchon éjecté, il tendait la bouteille pour qu'on l'en débarrasse, en reprenait une autre, dont on avait retiré la coiffe et desserré le muselet. Un coup sec, sûr, rapide, la lame s'élançait depuis la cambrure entre le goulot et l'endroit où s'évase le corps de la bouteille, le long de la couture verticale du verre. Pas un sabre, plutôt une machette. Une saccade, le poignet se cassait, rien de plus, le bouchon fusait sans que se perde une goutte. Nouvelle bouteille. Nouveau quarante-cinq degrés. Nouvelle détente du poignet. Et encore. Je ne pouvais plus m'en détacher. J'en voulais toujours plus, surtout qu'il ne tombe pas à court. Qu'on lui apporte une bouteille. Qu'éclate le bouchon. La pression se libère. La détonation à mes oreilles. Répétée. À la fois douce et sèche. Violente suivie d'un fourmillement. Le train de bulles remonte à la surface, chacune enveloppée dans son film liquide. Nouveau coup sec. Le bouchon s'expulse. Voltige. Exécute des cabrioles dans la nuit. J'ai un éblouissement. Brusquement je mesure le temps que nous avons vécu loin l'un de l'autre, Mona et moi, depuis qu'elle a quitté Paris. Elle passe à quelques mètres, de la fierté plein les gestes. L'envie me prend de pleurer et de la presser contre moi. Je la revois postée sous la verrière panoramique de notre restaurant à la Contrescarpe, Spiuma de dos à la caisse, la ville à perte de vue dans une clarté blanchâtre. J'ai envie de lui dire à quel point elle est magnifique seule au milieu de ses hommes, car je m'en rends compte, la plupart des invités sont des hommes, les femmes présentes ne font que les accompagner. Des hommes d'autrefois, des histoires qui n'en étaient pas, des presque rien en coup de vent, dont par le passé j'avais eu connaissance par quelques interstices dans la conversation, qu'elle résumait d'un trait laconique et tranchant, en s'agaçant comme si j'allais insister.

Ce soir, pas un de ces hommes ne manque au rendez-vous. J'en suis absolument certain, elle a obtenu ce miracle. Le cheveu pousse gris, ils ont je ne sais quoi d'enflé et fatigué mais cela n'a rien de triste. Ils sont venus pour elle.

Je me tiens figé, mon verre à la main. Et de nouveau, j'ai l'impression de la voir pour la première fois, recouverte de bijoux qui accrochent le dernier soleil. Porté près du visage, l'un d'eux l'éclaire par en dessous. Malgré moi, je cherche la brisure de gâteau que je lui avais vue à notre première rencontre, il y a de cela quinze ans, si je ne me retenais pas j'irais la reluquer de près, comme si la présence de la brisure pouvait me rassurer, m'apporter la preuve de quelque chose, que Mona est bien Mona, Mona du *Panoramic,* Mona la vraie et pas une autre.

Nous étions parvenus au terme d'un cycle qui nous ramenait en pensée au Paris du début des années 1990. Ces années étranges qui semblaient n'avoir pas existé. Elles avaient prolongé les années 1980 mais sans la fièvre et les tête-à-queue, sans le côté bigarré et effervescent. Elles les avaient répétées en mode mineur, avec la tristesse du mineur en musique. Et maintenant qu'elles étaient achevées, le XXIe siècle était une histoire qui commençait sans nous. Nous voyions s'éloigner l'avenir, tels des rebuts pris au piège dans le repli d'un boyau. Nous, je veux dire Spiuma, Mona et moi. Alexandre, c'était autre chose.

2005 n'était le début ni la fin de rien, juste une année de plus après une année de plus avant une année de plus. Il n'a jamais été aussi facile que dans ces années-là de se faufiler d'une géographie à une autre, les frontières étaient devenues des films transparents, on passait à travers sans les apercevoir, et les idées aussi, on pouvait errer de l'une à l'autre en toute liberté. Personne ne s'en privait.

– *On est entre deux tranchées*, m'a dit un jour Alexandre. *C'est le terrain dangereux : à découvert. On court, on court, on galope, ça tire de tous les côtés, jusqu'à la prochaine tranchée au fond de laquelle s'abriter.*

Je l'ai interrompu : *Sauf qu'il n'y a pas de prochaine tranchée. On court, on galope mais il n'y a plus d'abri.*

Il a haussé les épaules. Il avait un verre à la main. Il l'a levé comme s'il trinquait à la santé du nouveau monde.

– *Tu as raison et ce n'est pas plus mal. Passer sa vie planqué au fond d'un trou en attendant qu'il vous tombe on ne sait quoi sur la gueule, ce n'est pas une vie.*

Cela ne lui faisait pas peur à lui, d'être condamné à galoper dans un no man's land sans fin.

Il m'arrivait de me remémorer notre conversation à Alexandre et à moi, la fois où nous avions arpenté la place Maubert et où il m'avait fait promettre que les grandes choses que nous allions accomplir, c'est ensemble que nous en viendrions à bout.

Le jour où j'ai appris qu'il était devenu chef adjoint du cabinet d'un ministre, je me suis surpris à attendre un coup de fil. Je me suis assis et, le téléphone posé à mon côté, je suis resté sans bouger. C'était ridicule bien sûr, parce que si Alexandre avait dû m'appeler, il n'avait pas de raison de le faire à ce moment plutôt qu'à un autre, mais je n'ai pas pu m'en empêcher. J'ai posé le téléphone sur la tablette la plus proche et je me suis assis sur une chaise, dos droit, genoux serrés, les mains à plat sur les cuisses. Je fixais un point imaginaire sur le mur. Je n'y croyais pas pour de bon. En fait, je n'y croyais pas du tout, et je n'étais même pas sûr d'en avoir envie, mais à cet instant, dans cette pièce aux rideaux tirés, la salle à manger d'un appartement de fonction de la Banque de France en province, avec sa soupière en faïence trônant sur le buffet et ses meubles d'acajou, le temps que cela a duré je me suis senti extraordinairement vivant. Je sentais le sang se propulser jusqu'à l'extrémité de mes doigts. Là, au milieu du plus absolu silence, un battement se répercutait contre les murs. Les murs se dilataient et se rétractaient au ralenti.

Les jours d'après, l'effet a été moins puissant mais il a persisté en sourdine. Cela me prenait en journée, pendant que je rédigeais un rapport ou au beau milieu d'une conversation qui n'avait rien à voir. Avec le temps, l'attente est devenue moins précise. Il restait une trace à peine, que je portais au cœur, une suite d'empreintes comme on en devine dans la terre humide d'une allée après le passage de quelqu'un. Je n'avais pas envie de les suivre pour voir où elles menaient, encore moins de courir après celui qui les avait laissées. Je les remarquais depuis ma fenêtre. Comme la preuve, à peine décelable, de ce qui avait existé autrefois.

Les occasions sont redevenues plus fréquentes lorsqu'ont paru des articles dans lesquels était mentionné le nom d'Alexandre, quand il n'en était pas le sujet principal. Sur les photos de presse, il affichait un visage gêné, comme si le simple fait de se livrer à l'objectif suffisait à révéler des plans destinés à rester secrets. On m'avait rapporté, était-ce Catherine, je ne sais plus, mais qui d'autre sinon, qu'il avait le tutoiement facile et qu'il ne rechignait pas à faire la bise à de parfaits inconnus. Dans les soirées, il surprenait parce qu'il savait, sans qu'on le prenne en défaut, les racines grecques et latines des mots, et qu'il rapportait les propos du vieux philosophe oublié auquel il était allé rendre visite avec moi en banlieue. Un rapport qu'il avait signé sur la gestion de sa trésorerie par l'État l'avait fait sortir du lot, et entre deux cabinets ministériels, il était passé par une banque. Il lâchait des phrases : *Je n'irai pas dans un ministère pour faire de vieux trucs*. On disait de lui : *On le voit beaucoup*.

Les articles louangeurs ont paru avec une fréquence accrue au fil des mois. Il m'arrivait en lisant des échos de reconnaître Alexandre derrière une citation anonyme. Il savait y faire avec les journalistes, choisir la phrase pour que la citation reste masquée mais pas trop. Je me suis souvenu de ce qu'il m'avait dit un jour, ou plutôt une nuit, car c'était dans un bar de la rue Mouffetard, de son enfance à Laon. Il était un enfant sage, nul écart ou presque. Il ne criait pas, ne courait pas, ne réclamait pas, n'exigeait pas l'attention permanente de ses parents. Il était posé sur sa chaise, les yeux grands ouverts. Obéissant, faisant ce qu'on lui demandait.

– Je me tenais où on me posait, sans discuter, mais à l'intérieur, c'était le chahut et la violence. J'ai très vite compris que faire semblant suffit. On ne vous en demande pas davantage. Ce qu'on a dans la tête, les gens ne veulent pas le savoir du moment qu'on se conforme aux apparences qu'ils exigent. Faire semblant m'était facile, parce que c'était la condition pour être libre. Je veux dire, être libre pour de vrai, tu comprends ? La liberté de courir, de crier, de se débattre, tout ça n'est rien, c'est une liberté surveillée parce que tu auras beau courir dans tous les sens, tu n'iras pas plus loin que le bout du jardin. Mais si on te laisse libre d'aller où tu veux dans ta tête, les limites sont abolies. J'ai saisi ça très tôt quand j'étais enfant. Bien sûr, je ne me le disais pas comme ça. Je le savais, c'est tout. Une connaissance claire et immédiate.

Le pire moment, a-t-il ajouté, venait lorsqu'un adulte, surpris de le voir inerte, immanquablement se faisait pressant : *Mais sors donc jouer avec les autres, voyons, ça te fera du bien de prendre l'air.*

Il a poursuivi : *Les adultes, à commencer par mes parents, auraient été terrifiés s'ils avaient visionné les images à l'intérieur de ma tête. Les monstruosités dont je me régalais.*

Quand je me rappelle les nuits au *TournBride* ou au *Harry's Bar*, je me fais l'effet d'avancer au milieu d'un paysage de neige, avec les bruits si particuliers que rend la nature ensevelie. Les phrases s'effacent à mesure qu'on les prononce.

*

Je n'avais pas su comment m'habiller. Je n'allais tout de même pas m'acheter une tenue de camouflage, ni un coupe-vent kaki style commando. Alexandre a jeté un œil à ma tenue. J'ai dit : *Quoi ? Tu aurais voulu que je me fasse des peintures de guerre ?* Il a souri, un sourire réflexe, puis il lui a échappé un haussement d'épaules, comme si tout cela n'avait plus d'importance. J'avais opté pour une paire de jeans, un épais chandail et des chaussures de marche. Lui portait un ample manteau sans manches, muni d'une courte cape et d'ouvertures sur le côté pour passer les bras, d'une teinte anthracite. Il semblait l'avoir déniché au magasin d'accessoires d'un vieux western, il ne manquait plus que la poussière et la pluie.

Il a dit : *Viens…* et je l'ai suivi. Le manteau lui descendait aux chevilles et en même temps que la coupe lui étirait la silhouette, curieusement elle le rapetissait. Il flottait à l'intérieur du vêtement, il n'avait plus ni squelette ni chair.

Ils étaient une dizaine sous un préau à déguster café et brioches. Des trophées de chasse pendaient du plafond, une voûte de têtes hérissées de cornes et de bois, dont le mufle, étrangement lustré, semblait encore humide. Surgissant des charpentes, les chevreuils nous contemplaient de leurs grands yeux effilés, le poil rouge virait au jaune chez certains, les plus gros et les plus vieux portant des traces de gris. Avec l'obscurité, il semblait que le reste des corps, les pattes pareilles à des tiges et le dos arqué, était encore là, encastré entre les poutres.

Je me suis demandé comment des gens aussi sérieux, tout le reste de la semaine engoncés dans des habits raides, la tête pleine de logique et de capacité d'analyse, éprouvaient le besoin de se réunir sous cette collection de têtes mortes, pareils à leurs ancêtres vêtus de peau, qui peignaient et gravaient rennes ou bisons, pour s'y projeter en pensée et combattre on ne savait quelle malédiction, dans un état de transe.

Notre groupe s'apprêtait à partir. On parlait à voix basse entre soi. Quelques-uns m'ont jeté un coup d'œil, indifférent, bien que je ne sois pas des leurs, mes vêtements le trahissaient assez.

Un homme expliquait : *Nous avons dix volières anglaises, cela permet des oiseaux adaptés au territoire et qui se défendent bien. Et pour le gros gibier dix lignes de tir équipées de miradors.*

Quelqu'un a lâché : *C'est tout de même plus viril que le golf* et ceux qui l'entouraient ont laissé échapper un petit rire, yeux fermés et lèvres serrées, comme on déguste une liqueur, en faisant claquer la langue.

Ils portaient des vestes matelassées ou huilées. Certains s'étaient essayés à une élégance qui se voulait anglaise, gilets à carreaux et dos de satin, mais tandis qu'une partie, cohérente avec elle-même, avait opté pour des couvre-chefs à chevrons, d'autres avaient préféré des casquettes qui auraient mieux convenu à des joueurs de base-ball.

Alexandre m'avait téléphoné l'avant-veille. J'avais reconnu sa voix et immédiatement m'était revenue notre conversation de la place Maubert, bien que celle-ci remonte à plus d'un an. Une seconde, j'avais cru l'entendre dire : *Toi pour moi, moi pour toi.* Mais non, il m'avait simplement fixé rendez-vous pour le surlendemain, quelque part du côté de Rambouillet, sans plus d'explications. Une adresse au milieu de nulle part, une route forestière entre deux départementales. *Tu verras un portail, tu m'attendras.* J'avais expliqué à Laure que je serais absent pour la journée. Elle avait demandé : *Qu'est-ce qu'il veut ?* J'avais été sur le point de dire : *Je n'en sais rien,* mais c'était ridicule. J'avais préféré écarter les bras sans un mot. À ce moment, son regard s'était durci. Elle n'avait rien dit d'autre. C'était le même regard lorsqu'elle me surprenait certains soirs à observer la rue depuis ma fenêtre. Sauf que cette fois, il exprimait moins la pitié que l'inquiétude.

Tandis que le petit groupe progressait dans la brume, Alexandre a laissé les autres prendre de la distance, et en deux phrases, à voix basse, il m'a fait les présentations. Comme s'il disposait à mes pieds son tableau de chasse : un producteur de talk-show, le propriétaire d'une chaîne de fast-food, un patron de journal qui avait fait venir par hélicoptère ses plus gros annonceurs.

Le garde-chasse a donné les dernières consignes de sécurité, chacun a pris la place qui lui était assignée. Moi, avec Alexandre.

– Deux consignes qui n'ont jamais été dites, mais si elles ne sont pas respectées, adieu les cartons d'invitation. Ne pas tirer sur tout ce qui bouge, ça manque de distinction. Et ne jamais parler affaires. Ah, et puis, ne pas oublier de donner la pièce au garde.

Les sangliers étaient importés des Balkans et nourris au maïs. Le groupe s'est dispersé.

L'année précédente, le mamamouchi de la télévision avait emmené Alexandre pour son premier week-end de chasse en forêt de Rambouillet. Un lodge confortable était réservé aux invités, un chef y servait un menu gastronomique. La brochure du domaine expliquait : *Traversant les villages, les routes vous mèneront sur les terres authentiques de notre propriété familiale. Nous attachons une attention particulière à ce que notre territoire soit le plus naturel. Il est possible de tirer six chevreuils par chasseur sur trois jours d'approche.* Chacun repartait avec une venaison préparée par le guide.

Pour son initiation, le mamamouchi lui avait payé son entrée, il fallait sinon débourser une belle somme mais il n'a pas posé la question du prix, la brochure ne le précisait pas.

– Dommage que votre amie Mona ne puisse être de la partie, je l'apprécie beaucoup, vous savez, avait commenté le mamamouchi.

Elle était encore fascinante, l'autre soir. Cultivée, moderne, élégante. Tout sauf conventionnelle. Intelligente mais pas ennuyeuse. Mais bien sûr, ici, pas de femmes.

Avant d'accepter, Alexandre avait demandé son avis à Spiuma. La battue serait l'occasion d'entrer en contact avec des avocats et de grands patrons qui fréquentaient l'endroit. Spiuma ne l'avait pas incité à accepter, ni à décliner l'offre, mais une phrase avait suffi : *Les liens du sang, il n'y a rien de mieux, tu sais.*

Je sais aujourd'hui qu'Alexandre n'avait pas regretté son séjour. Il avait pénétré au sein d'un cercle de décideurs auxquels le lieraient, quand ils se croiseraient de nouveau à Paris, les heures passées à se comporter en prédateurs. Mais surtout, lui avait été révélé le plaisir de la traque et de l'exécution.

Et maintenant, c'était mon tour d'entendre pour la première fois le souffle de l'animal, le souffle à travers son groin, à ras de terre. La panique. Le désespoir. La furie. Ça couinait. Cette furie-là, Alexandre l'avait appris dès le premier jour, cette furie-là se déchaînait seulement quand il y allait de sa vie. Longtemps après, il lui arriverait d'entendre à nouveau ce grognement affolé, quand lui aussi jouerait son existence dans les dédales d'un ministère ou d'un congrès de parti.

La bête a tracé à travers les buissons dans un fracas de branches, un froissement terrible, bois et feuilles pulvérisés par la masse de muscles et de poils qui se propulsait, éperdue, l'effet de souffle était tel que sans le voir, je devinais dans quelle direction se jetait le sanglier, pareil à un projectile.

Quelqu'un a ri à mon côté : *Pas de pitié pour les gros cochons !*

J'ai entendu là-bas les arbustes qui éclataient au passage d'une deuxième bête.

Deux chasseurs parlaient à voix basse.

– L'animal, il est comme l'homme, ni plus ni moins. Certains ne se lèvent jamais de leur canapé, c'est pareil chez les sangliers. Il y a les porcs qui ne veulent pas courir.

– Pas dignes d'intérêt. On les laissera aux chiens.

Un des deux hommes s'est tourné vers Alexandre.

– Nous, on veut qu'ils courent, tu comprends.

Nous nous sommes accroupis parmi les fougères et les genêts. Je ne savais pas pourquoi l'homme nous tutoyait. Tout à l'heure, sur l'aire de départ, tout le monde se vouvoyait, mais maintenant, au cœur de la curée, les conventions étaient rompues. On ne se vouvoyait pas au milieu d'une orgie, et sans doute l'on ne se vouvoyait pas non plus en temps de guerre au fond de la tranchée, cela n'avait plus de sens une fois nus, baignés dans le sang et la boue. Nous étions revenus aux origines, dépouillés de toutes les paroles qui habillaient l'homme depuis des millénaires. Revenus à la source première, au point de départ de l'élan qui avait fait passer l'homme à l'état d'humanité.

Un instant, j'aurais voulu leur ressembler. Pas seulement à cause de la gêne qu'il y avait à se sentir un intrus. Mais parce que je les enviais. J'aurais voulu ressentir l'innocence grossière qui était la leur, ne plus penser, être réduit à des gestes rudimentaires, un nombre limité de gestes pour aller à l'essentiel : un pas devant l'autre, garder l'équilibre, ne pas perdre de vue la proie, ou si on la perdait de vue, la pister à l'oreille, n'être que deux jambes, deux yeux, deux ouïes, un sexe.

Cela sentait la terre et l'humidité. Des feuilles trempées de pluie nous balayaient le visage et y laissaient une traînée gluante.

L'animal pourchassé aurait pu être abattu en cinq minutes, mais l'ordre de tir ne serait pas donné avant deux heures. Malheur à qui aurait tiré plus tôt, il aurait gâché la journée. S'amuser exigeait que les chiens aient épuisé la bête, autant sinon s'adonner au ball-trap. Il fallait jouer le jeu. Comme tout jeu, il exigeait de faire semblant. Faire semblant que l'animal était sauvage, qu'il avait une chance de déjouer ses poursuivants et s'évanouir au détour d'un taillis. Faire semblant que les sept cent cinquante hectares n'étaient pas hermétiquement grillagés.

Nous avons approché d'un mirador. On transportait une bête blessée.

– Regarde ça, celui-là, comme les chiens l'ont castré ! Il a dû le sentir passer.

Des chiens hurlaient, affolés par le sang. Les bêtes s'entassaient dans des camionnettes par dizaines. Des épieux étaient prévus, il arrivait toujours un moment où il fallait en finir. Un sanglier gisait, le groin à demi dévoré, couleur fraise, oui, c'était cela, me suis-je dit, les yeux fixés sur l'extrémité du cadavre, une grosse glace à la fraise qui aurait commencé à fondre.

Alexandre m'avait proposé un fusil, j'avais décliné. Lui portait le sien en bandoulière. Après nous être éloignés des autres, nous sommes parvenus à un grillage. Je ne savais toujours pas pourquoi il m'avait fait venir. Nous avons continué à marcher le long de la clôture, sans dire un mot. Des fougères nous arrivaient à mi-cuisses. Lui dans son déguisement moitié cow-boy moitié détective, moi qui devais avoir l'air d'un étudiant mal dégrossi.

Sans se retourner, jetant de brefs coups d'œil en tous sens comme s'il était uniquement préoccupé de l'affût, tandis que je marchais deux ou trois pas en arrière, regardant où je mettais les pieds, il a dit :

– Je m'attendais à ce que tu m'appelles quand j'ai été nommé chef adjoint au cabinet.

Je marchais voûté, attentif à la brume qui épaississait, je me suis redressé.

– Je pourrais dire la même chose. C'est comme ça que je voyais la chose. Le premier qui arrive à un point plus élevé se retourne et tend la main à l'autre pour le hisser à son côté.

J'étais moi-même surpris par la gravité avec laquelle je m'exprimais.

Alexandre continuait d'avancer sans se retourner, mais il avait cessé de guetter les mouvements dans les buissons. Il regardait droit devant lui.

– Si je t'avais appelé, tu serais venu ?

Nous étions à l'automne 2007. J'aurais pu lui répondre qu'après avoir servi un ministre sous Jospin, il paraissait difficile d'en servir un autre sous Fillon, mais ce n'était pas la bonne réponse, et après tout, Alexandre avait rejoint l'équipe de quelqu'un, qui tout haut-commissaire aux Solidarités actives contre la pauvreté qu'il était, avait conseillé Martine Aubry.

Il a devancé mes propos.

– Ça *n'a rien de déshonorant, Martin Hirsch.*

Puis, dans la foulée : *De toute façon, tu ne serais pas venu.*

J'ai senti qu'il n'en avait pas fini. Et la phrase d'après n'a pas tardé.

– Si ça continue, tu vas devenir trop vieux pour tout. En fait, c'est ça qu'il te faudrait, être déjà assez vieux pour ne plus avoir envie

de rien et qu'on te fiche la paix. Être utile, ça te dit quelque chose ? Ça te parle ? Moi, j'ai envie d'être utile. À quoi elle sert, ta pureté, ton honnêteté, ton intransigeance ? Elles servent à qui ? Tu es assis dessus comme l'avare sur son or. Le tas d'or sera intact à la fin mais il n'aura servi à personne. Moi, tant pis si j'en ai perdu une partie, je n'ai pas vocation à être un saint, mais je sers à quelque chose. Tu vois, malgré les apparences, c'est moi le mec bien : tant pis si j'y perds des plumes, du moment que c'est utile aux autres.

Je ne savais pas s'il en avait fini. Je voulais le laisser aller jusqu'au bout. Les deux premières phrases, j'avais cru qu'il blaguait. Il allait se retourner, narquois, et m'envoyer un faux coup de poing, avant de faire semblant d'esquiver ma riposte, et nous finirions comme ça, mimant une scène de lutte en riant aux éclats.

Mais non. Jamais il n'avait employé un ton si direct avec moi. J'ai senti qu'il se passait quelque chose. Cela allait faire mal, c'était douloureux déjà, mais qu'importe, je voulais savoir. Si je l'empêchais de parler, si je m'offusquais : *Mais qu'est-ce que tu racontes, mais non, comment peux-tu dire des choses pareilles,* ou même si je tournais les talons pour le laisser en plan avec son attirail de Tartarin et rentrer chez moi, la vérité se refermerait sur elle-même et jamais plus je ne parviendrais à la déverrouiller.

J'ai dérapé dans la glaise. Mon pied droit est parti de travers. Une odeur terreuse est montée. J'ai calé de nouveau mes pas dans les siens, concentré sur leur régularité. Ne pas me laisser distancer, ni non plus lui coller au train. Le flip-flop des gouttes. Je me fiais à leur rythme. Un pas, une goutte éclatait sur la surface cirée de la cape. Je voyais les bulles minuscules tomber au ralenti.

Il s'est retourné. Le mouvement a été si subit que j'ai failli me cogner à lui. La seconde d'après, bêtement, je l'ai vu empoigner son arme, épauler, et me tirer dessus. Pas la peine de viser, à cette distance le coup aurait porté. J'ai eu le temps de penser : *Comment est-ce qu'il peut me venir des idées aussi bêtes ?*

Il n'a pas noté mon trouble. Il a parlé, très vite. Les muscles des mâchoires ressortaient, bandés à bloc. Une mèche blonde s'était collée à la tempe gauche. Elle dessinait comme un J.

– *Au fond tu es un salaud, je voulais te le dire. Tu vas rester bien tranquillement dans ton coin à nous regarder faire.*

Je ne savais pas qui était ce *nous*, ceux que j'avais vus autour de lui la nuit de notre sarabande devant les frigos du ministère, j'imagine, et ceux qui à cet instant, arpentaient la forêt, ces hommes à l'éducation parfaite, faisant habituellement preuve de réserve, aux manières distinguées, qui tout à l'heure étaleraient à leurs pieds des dizaines de cadavres en gloussant.

– Ça *va te faire jouir de nous regarder faire ? De nous regarder nous salir ? Tu vas suivre ça dans les journaux, ou dans les conversations que tu auras surprises. Des miettes ! Tu sais, comme ces oiseaux qui piquent entre les dents des crocodiles pour les nettoyer ?*

J'ai débité d'un ton mécanique et sérieux, en hochant la tête, comme si le détail avait son importance, comme s'il ne s'agissait pas de moi mais d'une simple conversation sur un sujet animalier :

– *Oui, le pluvier. Il se nourrit sans grand effort, en pénétrant dans la gueule grande ouverte. Il évite que la viande faisande et infecte le crocodile, et il piaille pour l'alerter d'un danger.*

J'ai pensé au crocodile de la fontaine Cuvier à Paris, à la femme avec ses tablettes de pierre, *heureux qui peut pénétrer la raison des choses*, et à son bestiaire monstrueux. Il y a bien longtemps que je ne suis plus passé dans le quartier mais je crois me souvenir qu'au milieu des serpents et des étoiles hérissées d'épines, dans ce monde de reptiles furtifs, dont se détache un crocodile, gueule tournée sur le côté, il figure une tête d'homme, entre le singe et le loup. J'ai vu qu'au mot *crocodile*, Alexandre y avait aussi pensé, parce que le masque de colère qui lui déformait le visage s'était éclairé de l'intérieur. Les aspérités s'étaient lissées, avant qu'à nouveau, les traits se durcissent.

– Ça *te fera jouir, j'en suis sûr, les gens comme toi font ça. On te verra témoigner à la télé, tu diras : comme Alexandre a mal tourné, ça finit toujours comme ça, j'ai bien fait de ne pas vouloir jouer ce jeu-là, je vaux mieux que lui, je suis un pur, mais non, tu n'es pas un pur, tu préfères ta petite santé, c'est tout. Mais la politique, c'est ce qu'on fait, et rien d'autre. Les hommes sont ainsi faits, hein ?*

Il a été sur le point de reprendre sa marche, mais alors qu'il faisait demi-tour, il s'est de nouveau tourné dans ma direction :

– *C'est comme avec Mona. Tu n'as jamais osé la toucher.*

La phrase m'a cueilli. Nous sommes restés à nous fixer en silence, un temps interminable. Quand nous avons repris notre marche, le brouillard nous humectait les joues. Seuls s'entendaient nos pas, le froissement des fougères sous les semelles. Nos pieds s'enfonçaient comme dans une éponge. Je prenais garde de ne pas avancer trop vite, que se maintienne entre nous une distance, mais je n'avais pas d'effort à faire pour me caler, nous progressions au même rythme. De temps en temps, une détonation déchirait l'air, assourdie par la distance et l'épaisseur des bois. Une déchirure mate, qui mettait de longues secondes à s'éteindre. Nous ne voyions plus personne, ni hommes ni bêtes. Les semelles faisaient *flop, flop* et les bruits de nos respirations se mêlaient.

Alexandre s'est arrêté. J'ai relevé la tête. Il a avalé une bouffée d'air, mains sur les hanches. Il a pivoté sur lui-même.

Son fusil est tombé dans les fougères. Pas le temps de réagir, pas le temps de surprendre son regard, il m'a tiré vers lui. Violemment. J'aurais dû résister. Heureusement, je ne l'ai pas fait. C'était comme avec les mots tout à l'heure, je voulais le laisser aller jusqu'au bout, pour voir. Pour ne pas passer à côté.

Son visage dans le creux de mon épaule. Comme si quelque chose se perçait. D'abord, des tremblements, ses jambes l'ont lâché et il s'est raccroché à moi pour ne pas glisser.

Il a dit : *Mais tu ne dis rien ? Pourquoi tu ne dis rien ?*

Il s'est étranglé. La phrase a fini en sanglots. De grosses larmes bien rondes. Je les ai senties couler jusque dans mon cou par l'échancrure de mon chandail. Elles m'ont brûlé la peau. J'ai eu une joie méchante. Je me suis dit : *Finalement, il a craqué le premier.*

*

Ce n'est pas lui que j'ai vu en premier mais son Américaine stationnée un peu plus loin le long du trottoir, rue Monge. Sitôt que j'ai reconnu les chromes et les flèches de métal, sans réfléchir, avant même de me dire : *C'est l'Américaine de Roger Spiuma*, m'est revenue l'odeur médicamenteuse que répandait l'habitacle, d'autant plus puissante qu'elle m'était toujours restée incompréhensible. Elle ne collait pas avec le décor. La voiture de Roger Spiuma aurait dû sentir le cuir, mais c'était ce parfum de camphre dont elle était imprégnée.

Puis, la seconde d'après, je l'ai aperçu à une dizaine de mètres dans un costume à rayures, Ray-Ban sur le nez. Il m'avait reconnu depuis déjà un instant et s'était arrêté net pour me laisser venir. Il flottait dans son pantalon et si les épaules remplissaient toujours la veste, les vêtements semblaient une taille trop large, son image en était déformée, comme s'il était parcouru d'ondes de la tête aux pieds, si bien qu'on avait beau le fixer, un seul regard ne suffisait pas à le saisir.

Nous avons fait un bout de chemin ensemble. J'aurais voulu lui poser les questions que j'avais sur le cœur, c'était l'occasion ou jamais. Faire la clarté. Dissiper les doutes. Mais il ne m'en a pas laissé le temps. Il avait envie de parler. De parler de lui. Une fois passé les phrases de politesse sur ce que je devenais, ce qui n'a pas exigé plus de quelques minutes, il n'a plus arrêté, les mots venaient tout seuls.

Il a dit : *J'ai quitté le parti*. Il a marmonné deux trois phrases sur *les marxistes en skaï*, formule dont il se délectait et qui lui était venue, m'a-t-il raconté, le jour où au début des années 2000, la coupole de la place du Colonel-Fabien, avec ses milliers de plaquettes scintillantes, ses tables en arc et son aile de béton pareille à une vague prête à s'abattre, avait servi à un défilé Prada puis au tournage d'un clip d'Alain Souchon. *Tu imagines les robes débardeurs à rayures et les soutiens-gorge en cuir ?* Il militait désormais au sein d'une petite secte d'ultra-gauche. Bien sûr, il ne l'a pas dit comme ça. Bien qu'ils soient peu nombreux, les militants étaient répartis en différents « *Départements* » auxquels était attribué un numéro, le sien était le « *numéro 6* » sans que je sache à quoi cela pouvait correspondre. La consigne était de ne pas communiquer avec les camarades d'un « *Département* » différent du sien, de ne s'adresser aux autres que par leur pseudonyme, la plupart ignoraient d'ailleurs le nom de famille de leurs coreligionnaires, et au terme d'analyses savantes, ils s'étaient résolus à ce qu'il faille plusieurs centaines d'années avant que « *les États ouvriers qui avaient subi une forme de dégénérescence, terme qu'il fallait prendre dans son sens médical, trouvent leur forme définitive et parfaite* ». Le présent n'avait plus d'importance. Seul comptait à leurs yeux cet horizon lointain.

J'ai pensé à Lionel Jospin, à la révélation qu'avait été son passé de trotskiste clandestin, au protestant bien sage que j'avais imaginé prendre part, alors qu'il avait déjà intégré les cercles du pouvoir, à des réunions secrètes affublé d'une cagoule pointue, avec deux trous ronds pour les yeux, comme on en voit dans les albums de Tintin.

Le pas lourd de Spiuma résonnait à mon côté, ponctué par le sifflement bref de la respiration.

Arrivé place Monge, il s'est arrêté à une intersection. J'ai compris qu'il était parvenu à destination. Cela ne lui ressemblait guère mais il a semblé pris au dépourvu. C'était visible, il avait moins de temps devant lui qu'il n'avait cru.

Il m'a retenu par l'avant-bras comme par crainte que je tourne au coin de la rue et disparaisse sans demander mon reste, et il a enchaîné les questions en accéléré.

– Comment va Alexandre ?

Je savais qu'ils s'étaient revus récemment, Alexandre l'avait laissé entendre lors de notre partie de chasse, mais Spiuma avait l'air d'attacher à la question une importance particulière.

– Et Mona ? Tu l'as revue récemment ?

Il a fait un pas en avant pour se rapprocher.

– Est-ce qu'Alexandre se rend bien compte de qui est Mona ? Elle a cela, Mona, c'est une reine.

Il a eu un petit geste. Il a levé le bras, la main à la hauteur de mon visage, et a claqué des doigts, l'index contre le pouce, un claquement sec.

Il s'est rapproché davantage et s'est incliné, l'air de vouloir échapper à des oreilles indiscrètes.

– Mais attention, il faut veiller sur elle. Qu'il ne lui arrive rien. Elle est fragile, Mona... N'oublie pas ça, dis-le-lui. Je compte sur toi, hein ? À bientôt, mon petit.

À l'évidence, il ignorait qu'Alexandre et moi ne nous voyions plus qu'épisodiquement, et je ne l'ai pas détrompé. J'ai été tenté de lui raconter la scène lors de la partie de chasse à l'enclos. Il m'arrivait de repenser à ses larmes, d'en éprouver la brûlure glacée le long du cou. Le liquide avait débordé sur les joues, jusqu'à atteindre la zone où la pilosité est à fleur de peau, puis la saillie de la mâchoire, un petit peu d'eau chargée de sel, de gras et de protéines, si banale d'apparence mais incroyablement corrosive, et ce qu'elle avait emporté au passage ne se rattraperait pas.

Spiuma a passé sa main sur mon avant-bras comme on le fait en signe de réconfort, et j'ai retenu un frisson. Puis il a traversé la place sans se retourner. Sans doute s'attendait-il à ce que je poursuive mon chemin. Mais je n'ai pas bougé et je l'ai vu rejoindre un petit groupe de jeunes gens ébouriffés, longues écharpes, sacoches en bandoulière. L'un d'eux a extrait une pile de papiers de sa sacoche et l'a tendue à Spiuma. Celui-ci a hoché la tête l'air satisfait, vaguement admiratif. Sans attendre, il s'est posté à une intersection, dans l'axe d'un trottoir, et s'est mis à distribuer les feuillets aux passants.

Au milieu de la cohue qui se fendait en deux à son approche, il était pareil à un rocher battu par les flots. Chaque fois le même geste, le bras tendu d'un mouvement sec pour offrir le tract. Les passants n'osaient pas dire non. Un bref coup d'œil à la feuille sans ralentir le pas, puis ils continuaient, les yeux fixés au sol, après l'avoir enfouie dans leur poche, quand ils ne la chiffonnaient pas pour la jeter dans la première poubelle. Roger Spiuma, indifférent d'apparence, avançait le bras à la façon d'un automate, sans perdre la cadence. Le bras paraissait avoir sa vie propre. Il se détendait sous l'action d'un ressort, la volonté humaine n'avait rien à y faire.

Le manège a duré une demi-heure et tout ce temps, je suis resté bras ballants à l'autre bout de la place. Puis, Roger Spiuma et les autres se sont regroupés à l'entrée d'un café. Peut-être parce que je m'apprêtais à quitter les lieux, tout ce qui jusque-là m'était resté invisible a surgi. Les oiseaux dans les platanes, le kiosque à journaux, les bruits de la rue, le marché sur le point d'être démonté, la céramique biseautée des carreaux de la bouche de métro et la faïence miel sur le pourtour des publicités. Et au milieu, point central de la place, Roger Spiuma et le petit groupe sur le point d'entrer dans un café bon marché, *Le Z Bar* ou *Le Riviera Bar Crawl*. Les jeunes gens autour de lui avaient la vingtaine. Ça criait, ça riait. J'ai calculé qu'il devait approcher des soixante-dix ans. Il souriait, le geste large, le regard partout à la fois, comme monté sur pivot. Un sourire gourmand. Il les dominait de sa hauteur et aussitôt qu'il prenait quelqu'un par l'épaule ou l'attrapait par le cou, il l'enveloppait tout entier. Comme s'il refermait sur lui une porte invisible.

Ce sourire, je le connaissais bien. Pendant plusieurs années, il avait été mon lot quotidien. Je me suis dit : *Il recommence. Il n'est plus rien, il n'était déjà pas grand-chose à l'époque finalement, apparatchik d'un parti moribond, mais là il n'est plus rien et il ne peut pas s'en empêcher.*

Ils ont allumé des cigarettes, Roger Spiuma le premier. D'où j'étais, j'apercevais son dos large qui tressautait et les épaules qui tendaient l'étoffe du costume quand il levait les bras. Un petit nuage bleu flottait au-dessus de leurs têtes. Le vent s'y mettait, léger et doux, qui dessinait des formes, étirant la fumée jusqu'à ce qu'elle se réduise à un fil à peine visible, ou la faisant s'enrouler sur elle-même. Ils parlaient de la révolution. Ou peut-être Roger Spiuma leur racontait-il comment dans un ragoût, les bulles du bouillon doivent se contenter d'effleurer la viande.

6.
LE REGISTRE DE MARIAGE

Roger Spiuma dansait, un verre à la main, grand sourire, les yeux étincelants. Il avait laissé sa veste sur un dossier de chaise et dénoué sa cravate. Il portait une chemise rose. Le pantalon tombait au-dessous du ventre. Sans la ceinture qui le retenait autour des hanches, il aurait glissé et lui aurait atterri aux genoux. Les glaçons tourbillonnaient dans le verre en s'entrechoquant.

Une main agrippait le verre, l'autre était posée à plat à hauteur de l'estomac. Il laissait traîner ses pieds au rythme de la musique, Mona à son côté. Elle lui souriait. Elle souriait de le voir heureux. Roger Spiuma était heureux à cet instant. Il encourageait les gens autour de lui. *Venez, venez !* Il a attrapé une main. Saisi une femme par le bras pour l'obliger à se lever. La femme a fait mine de résister puis s'est dressée sur ses jambes en ondulant, gênée en même temps qu'elle goûtait au plaisir d'être là, debout, la tête pleine de musique parmi les corps virevoltants, tandis que tout à l'heure sur sa chaise elle lançait des regards d'envie et se recroquevillait. Il l'a entraînée dans la ronde, hanche contre hanche. Elle a souri, un petit sourire embarrassé, le rouge lui est monté aux joues, elle a haussé les épaules, l'air de s'excuser, déjà elle n'était plus là, et après un gloussement, s'est laissée retomber dans un canapé en agitant la main. Elle soufflait fort. Il faisait si chaud. *Trop chaud pour danser*, a-t-elle dit, la tête à la renverse. Ses doigts s'accrochaient dans son collier. Roger Spiuma a levé les bras, l'air de dire *: Allons, allons, déjà ?* puis il a porté son index et son majeur à ses lèvres pour lui adresser un baiser. La femme a secoué la tête pour dire : *Non, non, non*. Ses yeux riaient en même temps qu'il lui montait des larmes.

La musique cognait. Elle remplissait l'espace. Se répercutait d'un bout à l'autre de la salle. Roger Spiuma a levé son verre bien haut et l'a secoué en cadence, comme s'il battait la mesure avec des maracas. Les glaçons tournaient à toute vitesse. Il s'est approché du DJ, a fouillé dans la pile de cassettes et de disques, et a recommandé un titre pour le prochain passage. Il martelait du doigt la pochette. Puis il est reparti dans l'autre sens en diagonale, indifférent aux regards, à la musique elle-même. Il écoutait sa propre musique, fredonnait, balançait la tête. Catherine m'a pris par le bras.

J'ai dit :

– *Cela fait longtemps que je ne l'avais pas vu comme ça.*

– *Cela fait longtemps que je ne l'avais pas vu.*

Nous sommes restés tous les deux à nous balancer doucement. Autour de nous les corps tressaillaient, des bras et des jambes partaient dans tous les sens. Depuis le début Catherine me faisait l'impression d'être déguisée dans cette robe chantilly. L'impression empirait avec les heures, parce que les pans d'étoffe, si ajustés au départ, s'étaient déplacés et les lignes étaient parties de travers. Tout cela ne semblait pas sérieux. Le voile, la robe, le cortège jusqu'à la mairie. Tout à l'heure, tout le monde avait été si heureux pour elle. Tout le monde avait eu envie de dire : *Tu vois, cela t'arrive à toi aussi, tu y as droit* sans le dire malgré tout, parce qu'on s'en rendait compte, la phrase, qui se voulait affectueuse, était d'une férocité sans nom. Elle-même, quand elle avait monté les marches et s'était tenue devant le maire, écharpe tricolore en bandoulière, j'étais certain qu'elle s'était dit : *Moi aussi j'y ai droit, au mariage, à l'amour*, et qu'à la fois elle en avait éprouvé une joie violente et sauvage, et en avait été terriblement blessée.

Elle a dit : *La dernière fois que je l'ai vu, on s'est croisés à Paris, et on a fait un bout de chemin ensemble. Je ne sais plus de quoi on a parlé. Il m'a demandé si je revoyais Alexandre. Mais quand il s'est aperçu que ce n'était pas le cas, la conversation a dévié. Nous sommes arrivés près d'un Abribus, et son regard s'est porté sur une femme qui était là, toute seule, assise sur la banquette en plastique. Elle pleurait en serrant contre elle une poche de supermarché. Une jeune femme. Et tu sais ce qui est arrivé ?*

Je lui ai fait un signe pour l'engager à poursuivre.

– *Il lui a demandé pourquoi elle pleurait. Elle a haussé les épaules, l'air renfrogné. Et puis comme il insistait, elle a répondu qu'elle avait des problèmes pour payer son loyer. Elle a dit ça sur un ton de colère. Elle avait l'air de dire : voilà, vous savez, maintenant, ça vous fait plaisir, vous avez eu ce que vous voulez ? Il a demandé combien. Elle a de nouveau haussé les épaules, genre : qu'est-ce que ça peut vous faire ? Mais quand elle a dit la somme, il a sorti une grosse liasse d'une de ses poches, il lui a écarté les doigts assez brusquement, et avant qu'elle ait le temps de réagir, il a posé les billets et a replié sa main, pour qu'elle les serre bien. Elle a relevé la tête, il m'a attrapé le bras et m'a tirée en avant. J'ai failli trébucher tellement il a tiré fort. Il marchait comme un dératé, comme s'il avait peur qu'elle le rattrape.*

Elle a ajouté : *Il ne s'est même pas retourné.*

J'ai repensé à ce que Roger Spiuma m'avait dit un jour que nous étions en chemin pour notre restaurant et qu'une foule se pressait à l'entrée du métro Vavin. Un signe de tête en direction de la cohue et sans ralentir le pas, il avait murmuré : *Tu vois, nous les cocos, on peut dire ce qu'on veut de nous, qu'on a échoué, monstrueusement échoué, j'en passe et des meilleures, alors on a servi à quoi ? Eh bien, je vais te dire : on a servi à les rendre visibles.*

Il s'était retourné à demi en direction des hommes et des femmes qui se précipitaient dans les escaliers du métro, serrés les uns contre les autres dans un étrange corps-à-corps.

– *Tout le monde a besoin d'être vu. Que cela fasse une différence qu'on soit là ou pas. Nous, cela fait soixante-dix ans qu'on dit à ceux qui possèdent le monde : ces gens existent, ils sont là, vous ne voulez pas les voir mais ils sont là et ils ont une histoire, et cette histoire, c'est nous qui la racontons, c'est même une épopée, elle est remplie d'événements extraordinaires et d'actions d'éclat. Et si nous disparaissons, ils disparaîtront eux aussi. Plus personne ne les verra mais attention, ils seront toujours là, sous la ligne de flottaison, comme des zombies dans les cales du navire, vidés de leur substance et sans volonté.*

J'avais continué à marcher du même pas au côté de Roger Spiuma, mais je conservais la vision de la foule qui s'écoulait sans discontinuer dans l'escalier de Vavin. L'espace était si étroit qu'en haut des marches, les gens s'agloméraient. Il semblait que quelqu'un, d'une main actionnait une manivelle invisible et de l'autre insérait les corps dans le goulot de béton. Mais il n'y avait pas à forcer le mouvement. C'était de leur plein gré que les dizaines d'hommes et de femmes se jetaient pour s'y perdre dans les profondeurs du monde.

– Ce sera l'armée des morts, tu comprends, et quand ils remonteront des profondeurs, conduits par des barbares pour se rappeler au bon souvenir de chacun, je ne souhaite à personne de vivre ce cauchemar. Ceux qui veulent en finir avec les cocos finiront par nous regretter. La nuit va dévorer le monde.

Alexandre s'est approché de nous, l'air jovial. Une jeune femme l'accompagnait. Il était venu avec elle au mariage. Il nous en avait parlé en quelques mots rapides. Cela voulait dire : *Ne me posez pas de question* et nous ne l'avons pas fait.

Il a dit : *On est bien, hein ?*

La jeune femme se taisait. Le genre qui regarde, écoute et comprend tout très vite. Elle tenait Alexandre par l'épaule.

Alexandre a raconté avoir parlé à Spiuma tout un moment.

– On a bien ri. Ce bon vieux Roger. Il a trouvé le moyen de me citer une page de Matérialisme et empiriocriticisme. *Il voulait savoir si j'avais lu la dernière réédition et l'appareil critique qui l'accompagne.*

– Tu l'as lue ?

Il s'est raidi, comme si je l'avais agressé.

– J'aurais pu, pourquoi pas ? J'aurais tout à y gagner, j'en suis sûr.

Il a tourné la tête dans la direction de Spiuma qui revenait à la charge auprès du DJ. Le DJ, de nouveau, opinait du chef en prenant un air inspiré.

Alexandre a poursuivi : *J'aime beaucoup Roger. Vraiment beaucoup.*

J'ai cherché du regard le mari de Catherine. Il devait être quelque part dans la salle, mais au moment où j'ai tenté de l'apercevoir, je me suis rendu compte que je ne me souvenais même pas de la tête qu'il avait. Cela paraît impossible, parce que bien sûr je l'avais vu au bras de Catherine à la mairie le matin même. Je me souvenais parfaitement de Spiuma disant à Catherine, un livre à la main, je ne savais plus lequel mais c'était un roman de Balzac : *Je l'ai apporté parce que je ne savais plus s'il y avait une cérémonie à l'église, alors bien sûr si ça avait été le cas, ma petite Catherine, je serais resté dehors à lire sur un banc, ça n'aurait pas été grave, il fait si doux*, je me rappelais cela, et la réponse de Catherine : *Mais Roger, tu es mon témoin, n'oublie pas, tu ne peux pas rester à la porte à lire ton livre, et puis comment peux-tu imaginer que j'aie eu envie de passer à l'église* mais aussitôt que je tentais de me remémorer le mari, il se réduisait à une silhouette sans visage.

La jeune femme a souri. Un sourire patient. L'air de quelqu'un qui attend son heure. Ce n'était pas grave tout ça, ces amis qu'elle ne connaissait pas, ces souvenirs de la Contrescarpe, les petits morceaux d'un temps où elle n'existait pas et que nous ne prenions même pas la peine d'expliquer, les noms de professeurs à Sciences Po ou de serveurs de café que nous jetions dans la conversation en sachant pertinemment qu'ils ne lui disaient rien, ce n'était pas grave puisque son heure était venue, son heure à elle et à personne d'autre. Elle savait l'essentiel : ces noms étaient réduits à l'état de débris flottant à la surface de nos vies, nous battions des bras et des jambes pour nous maintenir à flot mais bientôt nos forces nous lâcheraient et c'est avec ravissement qu'elle nous regarderait couler. Déjà j'en étais sûr, elle nous voyait ouvrir la bouche et articuler mais il n'en sortait aucun son. C'était l'impression qu'elle m'avait faite tout à l'heure tandis qu'elle traversait la salle avec lenteur. Elle promenait son regard au hasard et dans ce regard, je m'étais fait l'effet de quelqu'un qui n'était plus là.

Alexandre m'a demandé des nouvelles de Laure. Elle était en déplacement à l'étranger, un impératif professionnel auquel elle n'avait pu se soustraire. Mais tout le monde savait, de toute façon, qu'elle ne serait pas venue. Il m'a posé des questions sur mon travail à la Banque de France. Je me suis lancé dans un long exposé en faisant semblant de croire que ça l'intéressait. Je ne lui ai rien demandé au sujet du sien. Je me suis dit qu'il n'en aurait pas envie. Et moi, j'avais peur que cela me fasse mal.

Je me suis un peu embrouillé en décrivant mon travail au quotidien. Je ne voulais pas qu'il me plaigne et en même temps, je ne voulais pas non plus enjoliver, parce que si j'en rajoutais, si je lui disais à quel point j'étais heureux à mon poste de directeur d'une succursale, j'allais lui faire pitié et ce serait le pire. Et puis, peut-être, j'attendais encore. Les minutes allaient passer, nous allions danser, rire, boire, manger et tout à l'heure, au moment de nous dire au revoir, il allait m'attraper par le col et me dire : *Maintenant, assez plaisanté, souviens-toi de ce que nous nous sommes dit. Je t'emmène avec moi, il nous reste de grandes choses à faire.*

Il s'est tourné vers la jeune femme : *Il est beau, n'est-ce pas ? Il l'a toujours été, ça a toujours été comme ça, quand nous étions à la Contrescarpe, tout le monde le disait, il était le plus beau de Sciences Po.*

Il m'a décoché au ralenti un coup de poing dans le torse, assorti d'un clin d'œil.

Elle a incliné la tête, m'a fixé droit dans les yeux sans dire un mot. J'ai lu dans son regard que oui, j'étais beau, oui je l'avais toujours été, mais que ça n'avait aucune importance.

J'ai dit à Alexandre : *Tu sais que cela me plaît, ce poste que j'occupe. J'observe. Plus ça va, plus il me semble que mon salut passera par ma capacité à être attentif.*

Il a fait la moue, l'air de se demander si ce que je disais était drôle, s'il convenait de rire ou si j'étais sérieux.

– Attentif aux autres ?

– Attentif à tout. Parce qu'à la fin, ce qui restera, c'est ce que nous aurons su regarder. Les gens ne savent pas regarder. Les touristes par exemple, ils visitent un pays comme s'ils poussaient un chariot dans un supermarché. Alors qu'ils devraient plutôt voyager comme celui qui entre dans une église et s'absorbe dans la prière.

L'idée m'était venue un après-midi que j'étais assis au bureau. À un moment, j'avais sursauté, parce que derrière la vitre les lampadaires de la rue s'étaient allumés et je m'étais subitement rendu compte que j'étais resté plus d'une heure immobile, les yeux fixés sur le mur devant moi. J'avais pensé : *C'est fou tout ce qui passe à partir du moment où on reste à ne rien faire.*

Il a balancé la tête. J'ai vu qu'il avait compris. Il a écarté les bras et les a laissé retomber.

– Oui, mais moi je crois au mouvement. Il faut toujours être en mouvement. On croit pouvoir t'attraper et te juger, tu es déjà ailleurs.

Mona s'est approchée. Nous sommes allés faire un tour dehors, tous les deux seuls. Nous avons marché sans un mot, sans besoin de parler. Au bout d'un quart d'heure, je l'ai sentie essoufflée. Elle a souri : *Je couve un mauvais rhume ou quelque chose dans le genre. C'est agaçant, je parle du nez, c'est vraiment ridicule.*

Catherine nous a rejoints. Elle marchait d'un pas lent et léger, sourire aux lèvres. Elle semblait déjà loin, de l'agitation, de la joie, cette joie qu'il fallait montrer à tout prix, de la salle à l'intérieur de laquelle les invités s'acharnaient à danser. Nous les apercevions à travers les vitres. À cette distance, seules nous parvenaient les basses, un rythme martelé et sourd mais sans la mélodie. La façon saccadée dont le poids du corps se portait sur une jambe puis l'autre, bras en l'air sur le point de se démancher, donnait à la scène une tournure irréelle, d'autant qu'avec les heures s'ajoutait la fatigue.

Roger Spiuma dans sa chemise rose se tenait assis sur un banc, un livre à la main. Le livre de Balzac aperçu tout à l'heure devant la mairie. Il nous a fait signe à tous les trois d'approcher : *Écoutez, les enfants, écoutez.* Il a attendu d'être tout à fait sûr que nous lui prêtions attention, Catherine a esquissé un geste, un début de caresse, ses doigts ont touché son épaule, et il a lu : *La vie leur était un rêve d'or, ils avaient tous les trésors de la terre à leurs pieds*. Il a relevé la tête. J'ai croisé son regard. Il a été pour dire quelque chose, puis d'un geste, a laissé tomber ses Ray-Ban sur son nez.

*

L'hiver après le mariage de Catherine, Mona m'a confirmé un projet dont elle m'avait fait part l'année d'avant, partir sept mois sur les chemins de Compostelle. Je ne sais pas pourquoi la première image qui m'est venue est celle de la fenêtre éclairée d'un mauve énigmatique et laiteux, dans cet immeuble proche de la Seine au pied duquel je passais de retour de chez elle. Je marchais dans la nuit d'un pas pressé. Mon esprit malgré l'heure tardive fonctionnait à toute allure. Chaque détail m'apparaissait avec une précision extrême, j'étais pareil à un extralucide et pas une fois la petite lumière n'a manqué au rendez-vous. Elle m'appelait dans la nuit, ou elle me faisait signe.

Mona marche le long d'un plateau aride. Des agriculteurs y tracent leurs sillons, suivis par leurs chiens, les chiens leur courent après comme s'ils surveillaient la rectitude de l'entaille. Dans le début de l'après-midi, elle parvient à une tourbière encore gelée. Elle avance dans la neige. La neige épaissit. Elle s'enfonce et manque de tomber. Le pays est raide. Des rochers sont disposés un peu partout pareils à des météorites tombés du ciel. Elle m'écrit. *L'hiver a été rude, je veux le croire en voyant toutes ces branches, arbres et genêts, en travers de la route.*

Mona porte une cape de pluie. Le chemin traverse des bois de chênes, les arbres s'agrippent, on ne sait plus qui tient l'autre, du muret ou de l'arbre. Elle suit une ligne de crête. À chaque pas, des bourgeons éclatent. À la fin du jour, ses pieds la font souffrir. Elle est attendue dans un couvent, un bâtiment avec un cloître et un jardin balayé par le vent. Au fond d'une allée, elle découvre un cimetière. Après en avoir poussé la porte dans un grincement, elle déambule entre des monticules qui portent un simple numéro, sans plus de précision. Il ne restera ni noms ni dates.

Elle a de plus en plus mal, une douleur sournoise à la hauteur des genoux. Puis survient la pluie, la vraie, qui perce jusqu'aux chaussures. Les bords de la capuche délimitent son champ de vision. L'argile s'accumule sous les semelles. Il lui vient des larmes. Elle pense : *Ça ne se verra pas sous la pluie.*

Je lis ses mails. Au fur et à mesure, je revois le *Panoramic,* la Contrescarpe, les amours incertaines, les soirées privées où elle emmenait Alexandre, et maintenant la voilà qui suit un chemin à travers des arbres calcinés par l'hiver, visage levé vers un ciel frais azur.

Elle passe une nuit seule dans un dortoir qui tient de l'hôpital militaire, lits, murs et couvertures blancs. Elle repart le matin. Du haut d'une colline, un moine l'observe qui s'éloigne. Elle sent sur elle son regard de bête morne.

La neige la surprend à nouveau et la contraint à des pas de fourmi. Elle contemple des ciels jeunes et purs, la rudesse et la désolation des paysages nés de la lave, pas un arbre, elle fait des rencontres. Elle pense : *Sur le chemin, entre pèlerins, aucune obligation si ce n'est d'être avec l'autre au moment où on y est. Puis, chacun se sépare au moment qui convient et personne ne s'en étonne.*

Seule au milieu du vide, elle pousse des cris de surprise et de joie à la vue des premières gentianes.

Le long du *camino del norte*, lors d'une halte, les autres convives dans le feu des plaisanteries la surnomment *quijada*, mâchoire, à cause d'un problème qu'elle a depuis décembre. Sa mâchoire inférieure se bloque et la gêne dans son élocution. Ils rient. Ils rient comme Mona n'a pas ri depuis si longtemps.

Fin avril, sur la route de Güemes à Santander, elle décrit les sentiers de douaniers au-dessus des falaises, puis la traversée de la baie, *Nice version atlantique*. Dans le port, un ferry attend les passagers à destination de l'Angleterre.

Elle parvient aux rouleaux de l'Atlantique et à une terre de marais. Son pied gauche la fait souffrir. Elle parle à son pied. Elle rit toute seule de lui parler. Elle manque de tomber d'épuisement. Elle se décrit, *sac à dos crasseux, chaussures en lambeaux, visage tanné par la poussière et la route*. Elle guette le retour du soleil et des papillons. Elle suit des pistes forestières, traverse des hameaux, longe des greniers à blé. À l'arrivée à

Compostelle, elle traverse la pénombre d'un bois d'eucalyptus dans les chants d'oiseaux et les hululements des hiboux, une ouverture d'opéra, de quoi remplir le ciel. Avec le vent, chaque feuille vibre et rajoute sa musique, chaque arbre est un orchestre.

À Compostelle, Mona se trouve un hôtel dont la chambre ouvre sur une terrasse au-dessus de la ville. Elle prend rendez-vous chez le meilleur coiffeur et s'achète une robe aux couleurs gaies. La patronne de l'hôtel la trouve toute *fresquita*, elle rit de se sentir légère.

Mona se rend à la messe des pèlerins. Elle traverse la cathédrale bondée. Elle m'écrit : *Je me suis sentie comme dans un conte, une déesse au milieu des gueux*. À l'instant où les hommes délient une corde au pied d'un pilier, elle se rend compte qu'elle se trouve sous la trajectoire du *botafumeiro*, l'encensoir de cinquante-quatre kilos qui, une fois lâché, rase le sol et s'envole depuis la porte de l'Azabachería jusqu'à celle des Orfèvreries, d'un bout à l'autre de la nef aux soixante-neuf fenêtres, malgré sa masse aussi léger qu'un bouchon. Ils sont deux mille au-dessous, qui lèvent la tête. Mona voit le bloc arriver sur elle, sent son souffle, l'air se déplace, rien pour le ralentir, rien ne le fera dévier. La puissance du souffle la frappe au visage. Elle se tient visage et épaules rejetés en arrière. L'encensoir repart suspendu à son fil sur un rail invisible. Il va au bout de lui-même, épuise ce qui lui reste d'énergie, et quand retombe l'élan qui l'anime, quand il semble un poids mort prêt à s'écraser, il se ressaisit, repart en arrière, trace entre ciel et terre une ligne imaginaire.

L'été qui a suivi, j'ai laissé plusieurs messages à Mona sans qu'elle me rappelle. Vingt ans plus tôt, je l'aurais imaginée avec un garçon, mais désormais, je ne savais plus quoi penser. Je m'en suis ouvert à Laure. Elle a réfléchi puis elle a dit : *As-tu remarqué la dernière fois qu'elle est venue, elle nous a parlé de ses difficultés d'élocution. Elle parlait du nez et avait du mal à articuler. Quelque chose la pinçait à l'intérieur des narines.*

Non, je n'avais pas remarqué. Mona avait parlé de sa gêne pour s'exprimer mais je n'en avais pas fait cas.

J'ai fermé les yeux et je l'ai imaginée sous l'encensoir géant de Compostelle, le va-et-vient du chaudron, comme le doigt de Dieu se promenant sur elle.

Vers cette époque s'est prise l'habitude des déjeuners annuels sous le cerisier. Nous n'avions rien prémédité. Sans que nous ayons eu besoin de rien dire, nous savions qu'année après année nous nous retrouverions à la même date au même endroit. La première fois, la veille au soir, nous avons dansé, agités de soubresauts, toute la bande de la Contrescarpe et de la rue Saint-Guillaume, nos corps déboîtés comme si nous ne savions plus quoi faire ni de nos bras ni de nos jambes, ni des cris qui nous sortaient de la bouche. Là, dans le jardin, devant la maison immense et silencieuse, les plus vieux se déhanchaient le plus. Leurs membres disloqués se pliaient et avaient rompu toute attache.

*

Sur les photos de presse, j'ai reconnu la jeune fille au bras de laquelle Alexandre était venu au mariage de Catherine, et je n'ai pas eu d'effort à faire. La plupart des personnes, quand on les voit en vrai et dans les journaux, on s'étonne du décalage, sans qu'on sache dire à quoi il tient. En vrai, elles paraissent plus petites ou plus fatiguées, mais l'essentiel n'est pas là. L'essentiel tient à la force nerveuse particulière qui émane d'elles sur le papier glacé. Le photographe leur a volé ce qu'elles ont d'insaisissable, l'énergie secrète qui leur est propre. Il paraît impossible que cette personne-là se réveille avec difficulté le matin, se lave les dents et bâille, se ronge les ongles, se gratte le bras parce que ça la démange, et qu'au moment de prononcer un discours du haut d'une tribune ou de s'asseoir à la table d'un conseil d'administration, un petit rien, une sensation infime, un mot totalement banal mais prononcé d'une façon qu'elle n'avait pas entendue depuis des années, suffisent à la faire se sentir seule et nue. Mais entre la jeune fille au bras d'Alexandre et celle qui apparaissait dans les journaux, la concordance était parfaite. Même en vrai, quand elle était là devant nous, souriante, on ne pouvait pas l'imaginer le teint brouillé au matin, ni le désordre de sa chambre, ni qu'il lui arrivait d'égarer ses clés. Encore moins qu'elle se laisse rattraper par les terreurs de l'enfance. Ses gestes, elle semblait les avoir répétés, les phrases qu'elle prononçait elle les avait apprises, et quand elle se déplaçait dans une pièce, ni la trajectoire qu'elle suivait ni l'endroit où elle s'arrêtait ne tenaient du hasard, comme sur un tournage les acteurs repèrent leurs marques au sol. Mais tout cela avec une aisance folle. Les gestes allaient d'eux-mêmes, les paroles faisaient de la musique.

Pour des raisons pratiques, le mariage a eu lieu à Laon plutôt que dans la ville de la mariée. Je ne suis pas sûr que la solution ait plu à Alexandre, mais au point où il en était, peut-être tout cela n'avait-il plus d'importance. Le matin, je me suis levé de bonne heure, j'ai dit à Laure : *Tu devrais te reposer un peu, il est tôt, on a le temps*, et j'ai quitté l'hôtel pour arpenter les rues.

Je n'étais jamais venu à Laon. La ville semblait constituée d'une suite de vignettes comme on en colle dans les albums scolaires pour illustrer ce qu'est le Moyen Âge. Des chapelles, des portes, des remparts. Tout le reste, nœuds autoroutiers, ronds-points, barres d'immeubles, devantures de restauration rapide, chacun faisait semblant qu'ils n'existaient pas. On ne savait qu'en dire, qu'en faire, ils ne rentraient pas dans le cadre. Les touristes ont cette faculté. Comme certains régimes effacent de la photo les personnages qui ne collent plus avec l'histoire, ils gomment la partie de la réalité qui ne correspond pas à leurs attentes. Il faut que s'ajustent les éléments du décor en tout point, sinon, ils n'ont pas la possibilité de se les représenter. Ils empruntent une autoroute, ils contournent un rond-point, ils longent une barre d'immeubles, ils ont tout vu et ils n'ont rien vu, cette autoroute, ce rond-point, cette barre d'immeubles sont somme toute impensables.

Je voulais être seul dans ma déambulation. Si Laure avait été là, même silencieuse, cela aurait changé quelque chose. Une petite vibration, comme une interférence.

Nous avons fait tout ce que l'on est supposé faire lors d'un mariage. Boire, rire, danser, sortir dans le froid griller une cigarette, montrer de la joie, c'est facile, on les connaît les signes de la joie, cela ne veut pas dire qu'elle soit fausse, non, au moment où on la montre on l'éprouve, mais on pourrait tout aussi bien éprouver du chagrin si on nous le demandait.

Je me suis posté au milieu de la piste et j'ai dansé en cadence avec Catherine, certains ont dû remarquer : *Il est beau, tout de même*. Tournoyant sur moi-même, j'attrapais des images, des expressions passagères. Des narines gonflées s'écartent, des sourcils se froncent, l'ovale d'un visage, une bouche peinte en rouge, deux yeux ronds s'écarquillent.

Le visage de Laure fait irruption. Éclairé, puis dans le noir, éclairé à nouveau, il clignote à vitesse accélérée. Quand l'obscurité se fait, le visage reste un temps imprimé sur ma rétine. Comme dans un dessin animé haché. La bouche est serrée. Le menton se crispe. Les lèvres restent hermétiquement fermées.

Le jour affleurait. Catherine se tenait près de moi. Elle a demandé : *Qui est-ce ?*

Elle a désigné d'un mouvement de tête un petit homme parmi un groupe de deux ou trois qui discutaient à voix basse près d'une berline gris métal.

– *Quelqu'un de la famille de la mariée ?*

– *Je ne crois pas. À l'église, il était avec les invités d'Alexandre. Et il n'avait pas l'air d'être un intime des parents.*

Les jambes étaient courtes par rapport au buste, le petit homme se tenait comme enfoncé dans le sol, particularité qui le contraignait à relever la tête aussitôt qu'il s'adressait à quelqu'un. Mais c'était son sourire qui se remarquait le plus. La façon qu'il avait de retrousser les lèvres, si bien que dents et mâchoires apparaissaient à nu. Toutes ces dents alignées, ajoutées à la saillie des pommettes, lui dessinaient une tête de mort.

Je l'ai entendu dire :

– Ce n'est pas seulement qu'il est rapide, c'est qu'il donne à ceux qu'il rencontre l'impression d'être leur ami.

Les autres approuvaient.

Quelqu'un lui a posé une question, il a répondu : *Oui, oui, il y aura des rencontres en Angleterre.*

Puis : *Vous savez, deux choses sont à prendre en compte. Lui, il aime séduire. Les politiques font ça. Et les autres aiment qu'on les séduise. Les artistes. Ils ont cela en commun, vous n'avez pas remarqué, les artistes ? La mine qu'ils font quand des gens de pouvoir consacrent un peu de temps à les caresser. C'est l'orgasme. Comme les femmes. Ce sont des femmes au fond. Pas d'inquiétude, ça fonctionnera parfaitement.*

Ce doit être ça qu'on appelle l'élégance vestimentaire. Ses vêtements avaient l'air simple, pas d'excentricité ou à peine un détail, la finesse d'une rayure, une pochette qui ne se distinguait pas au premier coup d'œil, nulle couleur extravagante. L'étoffe de la veste avait ce moelleux et cette robustesse qui donnaient envie d'attraper le revers entre deux doigts et de frotter en pressant fort pour les éprouver.

À première vue, cela paraissait à la portée de tout le monde, mais si on avait voulu l'imiter, le résultat n'aurait pas été à la hauteur. Sans cette part d'inexplicable, l'élégance n'était plus l'élégance. Le vieil homme était habillé de manière simple et précise, c'est ce que je devrais dire pour rendre compte au plus près de l'effet produit. Précis mais pas recherché. L'élégance doit aller de soi en même temps qu'on ne comprend pas comment on en est arrivé là.

Ils étaient plusieurs maintenant penchés à son oreille. Il écoutait, visage fermé, et haussait les épaules.

– Foutaises, ça… Je suis légitime à le conseiller sur les grandes orientations… Oui, l'autre jour à l'hôtel Westminster.

Il lui est venu un sourire, suivi d'un nouvel agacement.

– Il ne faudra pas qu'il se disperse. Qu'elle y veille. Et puis, autre chose : ce besoin qu'il a de serrer les mains de ceux qui ne l'aiment pas. C'est médiocre.

Au fur et à mesure qu'il parlait, il se penchait davantage, si bien que les autres se voyaient contraints, pour prêter l'oreille et s'adresser à lui sans hausser la voix, de se courber un peu plus, au point de se casser en deux.

Il a balancé la tête : *Hummm, ça ira* puis d'un ton plus net : *Oui, ça, j'en fais mon affaire.*

Alexandre et son épouse ont débouché à l'angle du parking et se sont dirigés vers le groupe. L'œil du vieil homme s'est ouvert en grand. Il lui est venu un étrange sourire. Un côté rude et impitoyable mais il y avait autre chose, que je n'ai pas eu le temps de saisir. Je me suis dit : *Ils vont finir par me repérer si je reste là, l'oreille tendue.*

Le petit homme a cligné des yeux et cela a suffi à ce qu'ils se taisent tous tandis que se rapprochaient les mariés. Quand elle est parvenue à sa hauteur, il a attrapé la jeune femme par le bras et lui a glissé quelques mots, en la prenant à part. Visiblement, ils se connaissaient. Son œil a vrillé. Comme s'il cherchait à l'atteindre au plus profond.

Une idée m'est venue, qui a passé aussitôt, je n'avais pas le temps d'y réfléchir, de savoir si elle était ou non absurde car les personnages avaient beau se tenir pour ainsi dire immobiles, s'ils se déplaçaient c'était de quelques centimètres, rien de heurté ni dans les mouvements ni dans les échanges de paroles, tout semblait aller trop vite pour que je me fasse une idée exacte de ce qui se jouait sous mes yeux. La phrase s'est formée toute seule dans ma tête : *Ce doit être sa Mona à lui, sa Milady.*

Alexandre se taisait comme dans l'attente qu'on lui donne la parole. Le petit homme s'est incliné un peu plus et l'a fixé par en dessous d'un grand œil tout humide.

Roger Spiuma n'était pas invité au mariage d'Alexandre, Catherine m'en a fait la remarque. C'était la première fois que nous nous revoyions tous les trois hors de sa présence. L'autre grande absente était Mona.

Quand je me suis fait à cette évidence, Alexandre n'avait invité ni Mona ni Roger Spiuma, je me suis rappelé la fois au mariage de Catherine, où assis sur son banc il nous avait lu une citation des *Illusions perdues*. Tout de suite après, un petit groupe nous avait rejoints et il s'était levé pour discuter. Je me trouvais parmi eux, inclus dans leur cercle, quand un nouveau venu s'était mêlé à la conversation. Tout naturellement, j'avais fait un écart pour le laisser approcher, et faisant un pas en arrière, je m'étais fait l'effet de sauter hors du temps.

J'avais observé Roger Spiuma saluer le nouveau venu avec sa jovialité coutumière, s'avancer dans sa direction et le serrer dans ses bras, rien que de très ordinaire. Cela avait suffi. Peut-être cela tenait-il à l'arrondi du ventre ou l'affaissement du visage, plutôt à une façon de se mouvoir, en un éclair j'avais entrevu l'homme qu'il allait être dans dix ou quinze ans.

Jusqu'alors, je conservais en mémoire le Roger Spiuma du temps où nous avions fait connaissance, au début des années 1990. Et ces lignes, cette silhouette, cette allure, s'interposaient entre nous chaque fois que nous nous revoyions, elles m'empêchaient de le voir tel qu'il était devenu. Devant ce banc, dans ce jardin, parmi un cercle d'amis, j'avais fait un pas, un seul, mais il avait suffi, Roger Spiuma s'était laissé voir. Il était un vieillard et cette image-là avait effacé toutes les autres.

*

Mona a fini par me rappeler après les messages que je lui avais laissés, c'était au retour d'un voyage avec Laure à l'étranger. Il s'était écoulé plusieurs mois. Elle m'a dit très vite : *Je vais te dire quelque chose qui va te faire de la peine*. J'ai retenu ma respiration. Elle a enchaîné, comme si elle voulait éviter que je l'interrompe, que je l'encombre avec mes questions, mais c'était inutile parce que j'ai compris d'instinct qu'il fallait la laisser aller jusqu'au bout.

Elle était atteinte d'une maladie sans rémission possible. Ses muscles allaient fondre, c'était une question de mois, et ses fonctions vitales s'éteindre à petit feu, l'élocution, la capacité à mouvoir les bras et les jambes, et à la fin, selon un ordre qui paraissait établi pour s'assurer le maximum de cruauté, viendrait la respiration. Aucun doute n'était permis quant à l'issue. Même le plus improbable, pas la plus infime chance.

Quelque chose est resté bloqué en moi. Comme lorsqu'un aliment ne passe pas et que la seule solution est de se forcer à vomir : deux doigts dans la bouche, penché sur la cuvette des toilettes, pour se vider tout entier.

Elle a parlé avec calme, précise, les phrases allaient droit au but.

J'ai réagi de la même façon. Je n'ai pas prononcé de grandes phrases, je n'ai pas crié, ni poussé d'exclamation.

Les larmes sont venues plus tard, le soir venu. Je me suis pelotonné contre Laure sous la véranda de la maison au cerisier, et j'ai tout lâché. Laure a fait ce qu'il fallait. Elle n'a pas dit un mot et m'a serré contre elle.

La journée du lendemain m'a paru durer une semaine. Mona avait demandé à venir passer deux jours à la maison et j'ai reporté tous mes rendez-vous.

Nous sommes restés une journée et une nuit réunis tous les trois, la majeure partie du temps au fond du jardin, à un endroit où les ombres croisées des arbres rendent une atmosphère de sous-bois. Nous avons déjeuné dehors, nous avons ri, nous sommes restés silencieux. À table, elle s'est montrée gourmande et a réclamé du vin. Vers cinq heures, Laure et moi nous sommes mis à éplucher des fruits, tandis que Mona se tenait allongée dans une chaise longue. Laure a dit de sa voix traînante en se tournant vers Mona : *Nous sommes comme deux vieilles qui épluchent des fruits pour nourrir leur grande fille*. Un peu plus tôt, tandis qu'au plus fort de la chaleur nous nous tenions sous un laurier, un fruit est tombé de l'arbre, je l'ai pris sur le dessus du crâne. Nous sommes partis tous les trois d'un fou rire mais très vite, je me suis contenu, par peur, si je me laissais aller, de ne plus rien retenir, après quoi je l'ai regretté. J'aurais voulu ce dernier rire franc avec Mona.

Elle a peu parlé de sa maladie. Elle riait des réactions de ceux auxquels elle l'avait annoncée. De leur gêne. De leurs mots embrouillés. De ceux auxquels elle disait : *Je vais mourir* et qui lui parlaient de la mauvaise grippe qu'ils avaient eue cet hiver ou des migraines auxquels ils étaient sujets. D'autres ne savaient plus où poser leurs regards. Alors ils regardaient leurs mains comme si on venait de les leur greffer et qu'ils en découvraient l'existence, l'air de se demander : *Mais qu'est-ce que je vais en faire ?*

– *Ce n'est pas par indifférence qu'ils parlent d'eux*, a dit Mona, *ce ne sont pas des monstres et ils ne croient pas leurs petits malheurs plus importants que tout, mais comme ils ne savent plus quoi dire, ils se rabattent en urgence sur le sujet de conversation qu'ils connaissent le mieux : ils se mettent à parler d'eux, cela ne demande pas d'effort, subitement ils sont incapables d'en faire.*

Alors que nous nous taisions, je l'ai surprise à suivre du regard un insecte, puis à contempler la chair d'une fleur ou l'effet du vent sur un champ voisin, quand il en brossait la surface dans un sens, puis la retournait comme une vague.

Après qu'elle est repartie le lendemain, je suis resté seul dans le jardin. Ces derniers temps, je m'adonnais à ma passion favorite, m'astreindre à la plus parfaite immobilité pour tout voir d'un autre œil. D'ordinaire, je regardais un arbre, le tronc, les feuilles et je me disais : *C'est un arbre, un tronc, des feuilles* mais si je me laissais aller à regarder pour de bon, il ne restait qu'une forme et des matières brutes dont la géométrie se répétait à l'infini. Je me perdais dans le détail des ombres vernissées, le vert à force de s'approfondir virait au noir, tout paraissait surprenant. Je croyais avoir regardé pour de bon, l'instant d'après je ne reconnaissais rien. Les formes se déplaçaient avec le vent et la lumière, tout était frappé d'étrangeté.

C'est devenu avec le temps une forme d'obsession, j'ai l'impression de ne jamais assez regarder. Je passe dans une pièce et je me force à guetter les reflets sur un mur, les files d'arbres derrière la fenêtre, le trait que dessine un oiseau dans le ciel. Peut-être parce que plus le temps m'est compté, plus il se compresse et la vie gagne en intensité. Chaque petit geste prend une importance inédite, et il y a un enjeu derrière chaque image. Dans ce sens, la vie devient plus violente et il me semble qu'un jour, je n'aurai plus l'énergie pour encaisser pareils chocs. La moindre vibration, un mot de Laure, un jeu de lumières dans l'herbe, me suffoquent et me laissent à la renverse. Je n'aurai plus la force, et alors, l'idée de mourir me sera un soulagement, non par dégoût de la vie mais pour l'avoir trop aimée.

Ce jour-là, seul et immobile face au jardin, je me souviens avoir pensé : *À quoi bon laisser monter la douleur ? Cela ne servira à rien à Mona, ça ne lui sera d'aucune aide. Cela ne sert jamais à personne. Le plus souvent, on pleure comme s'il fallait prouver quelque chose.*

Elle a emménagé dans un appartement dans le Sud. Comme elle éprouvait des difficultés à articuler, elle ne téléphonait plus, elle écrivait des mails. *Je me fais l'effet chaque soir d'être une femme du XVIIIe siècle attablée devant son écritoire à la lueur d'une chandelle, affairée à sa correspondance.*

Dans un autre message, elle ajoutait : *Je me fais à ma vie d'oisive, tout en rêvant d'être dans les bras d'un homme qui me réconforte. Je paie le prix de cette liberté que je chérissais et qui, maintenant, me pèse tellement.*

Elle se fatiguait vite, avait mal au dos, aux jambes, sa voix devenait inaudible. *Je dors bien dix heures d'affilée, pas si étonnant d'ailleurs, je me suis toujours réfugiée dans le sommeil. Le pire, c'est le réveil. Je pense à ce qui m'arrive et je crois avoir fait un cauchemar, puis la seconde d'après, je me rends compte que non.*

D'autres mails ont suivi. *Je ne parle pour ainsi dire plus que par onomatopées. Mes jambes sont faibles et malhabiles. J'ai du mal à garder mon courage et ma dignité.* Elle m'a annoncé envisager l'hypothèse d'un fauteuil roulant. Elle en a essayé un, un jour, pour voir *l'effet que ça faisait*.

Roger Spiuma m'a téléphoné. Nous n'avions pas été en contact depuis le mariage de Catherine. *Je viens de la voir, elle m'a dit être arrivée au bout de ce qu'elle peut supporter. Ne lui parle pas de mon coup de fil mais si tu veux lui faire parvenir un message, je pense que cela lui ferait plaisir. Je suis inquiet. Tiens-moi au courant.*

Il m'a demandé si je pouvais lui communiquer le téléphone d'Alexandre. J'imagine qu'il comptait entreprendre la même démarche auprès de lui. Mais j'ai été obligé de lui dire qu'Alexandre avait changé de numéro et que je ne savais plus où le joindre. Cela m'a coûté de l'avouer, comme si j'étais fautif. Il s'est montré surpris mais il n'a pas insisté. J'aurais pu lui dire : *Je vais tenter de me renseigner, il doit bien y avoir un moyen* et sans doute y en avait-il, mais je m'en suis abstenu.

Les mails et les textos se sont espacés. Mona faisait le récit de ses journées comme si elle parlait d'une autre. *Impression de nez bouché. J'ai de plus en plus de mal à parler, je mange avec lenteur, j'ai du mal à gonfler les joues. Je ne peux plus siffler et la langue s'engourdit*. Curieusement, son *je ne peux plus siffler* m'a fait le plus mal. Parce que l'idée qu'on se mette à siffler comme ça, de façon irréfléchie, renvoyait à l'enfance et l'insouciance qu'on lui prête. C'était contre toute logique ce qui m'apparaissait le plus cruel : ne plus pouvoir s'adonner à une activité inutile.

Un peu plus tard, elle a noté que ses mains se recroquevillaient *au point de ressembler à celles d'un singe*. Sous la peau, de brèves secousses trahissaient l'avancée de la maladie. Elle observait à l'œil nu ces ondes maléfiques qui serpentaient entre la chair et l'os. Même le sommeil ne la soulageait plus. Des rêves la hantaient. Un enfant pour soulager son cheval de la douleur le noyait au fond d'un canal pris par les glaces. Une très belle femme lors d'un dîner cachait qu'elle allait mourir à son riche et élégant mari. Une famille se terrait à l'intérieur d'une maison, fuyant un danger inconnu. *Je me réveille fourbue avec l'impression d'avoir dans la nuit livré un combat.*

J'ai suggéré à plusieurs reprises d'aller lui rendre visite. Aucune réponse. Et quand elle finissait par m'écrire, elle ne faisait pas allusion à cette éventualité. Peut-être avait-elle senti ce qu'elle avait d'insincère. Car en vérité j'avais trop peur d'aller la voir. Je m'en veux aujourd'hui, plutôt que cette proposition de visite à laquelle je ne croyais pas, suggérée uniquement par souci de conformisme, de n'avoir pas pensé à dire la seule chose qui lui eût été utile : à quel point elle était belle et libre.

J'ai appris qu'elle refusait toute visite. Elle avait toujours été ainsi, exerçant sa liberté sans précaution pour les autres. Je me suis souvenu de la Mona qui aimait les peaux jeunes.

Un coup de fil m'a informé de son décès, un lundi de juillet, sa femme de ménage l'avait découverte dans son appartement. Le vendredi qui avait précédé, à chacun de ceux qui la côtoyaient encore, elle avait annoncé qu'elle passerait la fin de semaine avec un autre, et qu'elle ne pourrait donc recevoir sa visite : *Ce n'est que partie remise.* Quand elle a eu fait le tour de tous ceux qui risquaient de frapper à sa porte, elle s'est enfermée chez elle et a absorbé une forte quantité d'alcool mêlée à des médicaments. Elle a fini comme elle avait vécu : seule et n'écoutant qu'elle-même.

Elle a laissé en évidence une lettre où elle demandait en quelques lignes qu'on ne cherche pas à la sauver. Suivait une liste de personnes à prévenir. Bien sûr, j'y figurais. J'aurais voulu consulter la liste. Juste comme ça, par plaisir malsain, pour voir parmi ses *dames de compagnie* celles qui avaient eu la chance d'y figurer J'espérais que les noms étaient peu nombreux. Oui, j'aurais éprouvé un sale petit plaisir à faire le compte de ceux qui étaient tombés dans l'oubli.

*

Une fin de mois d'août, Laure et moi sommes descendus dans le Sud pour assister à une cérémonie d'adieu. Mona avait exigé d'être incinérée et que ses cendres soient enfouies dans la terre sous des chênes en contrebas de sa maison.

Le rendez-vous était fixé à cinq heures. À l'heure dite, une quarantaine de personnes se sont retrouvées à l'entrée d'un pré, des voisins, d'anciens amants, plus ou moins les mêmes que sept ans plus tôt lors de la fête de Mona. Elles sont arrivées en silence, on ne savait d'où, il n'était pas facile de se garer à proximité et beaucoup avaient préféré laisser leur voiture à distance, si bien qu'elles donnaient l'impression de sortir de nulle part, à croire qu'elles étaient restées des années tapies derrière les lignes d'arbres et de rochers, pour descendre des collines à un signal donné, yeux exorbités et démarche d'automate.

J'ai cherché Alexandre du regard, il avait été prévenu de la cérémonie mais je ne connaissais pas ses intentions. Quand j'ai été certain qu'il ne viendrait pas, pour occuper mon temps j'ai cherché à deviner qui était qui. Quelques-uns, je les avais aperçus lors des quarante ans de Mona. L'un d'eux, son épouse l'accompagnait, une blonde potelée au sourire agréable, et son fils, le cheveu raide de gel, apprêté comme on l'est à cet âge, quand les garçons osent des coquetteries qui à toute autre période de leur vie les feraient passer pour efféminés mais qui à seize ans, exacerbent leur virilité. Sans doute quand Mona l'avait rencontré, cet homme ressemblait-il lui aussi à un petit cheval sauvage et c'était pour cela qu'elle l'avait aimé, car elle l'avait aimé, je l'avais deviné à son regard. Le regard de quelqu'un qui, malgré les années, reste en proie à une émotion dont il ne se remet pas. Mais peut-être aussi l'avait-elle aimé juste parce qu'elle en avait besoin. Sans vraie raison. Il suffit d'avoir besoin d'aimer pour que l'amour soit vrai, de façon illogique et folle.

Tandis que de nouveaux venus se rangeaient par groupes à l'entrée du pré sous un soleil qui donnait à la montagne des reflets de miroir, je me les suis représentés, Mona et cet homme repéré par hasard dans l'assemblée : lui avec sa tête épaisse, content de lui, elle réduite en cendres, toute chose étant rendue, avec une brutalité sidérante, à sa juste mesure.

Quelqu'un a versé le contenu des cendres dans une cavité creusée au préalable et chacun à tour de rôle a déposé une pierre, à l'intérieur de la cavité d'abord, puis quand cette dernière a été remplie, tout autour jusqu'à former un monticule. La cendre était plus claire que je ne l'avais imaginé, plus claire encore que celle d'une cigarette et cette blancheur m'a paru obscène comme si elle révélait du corps de Mona quelque chose d'intime qui n'aurait jamais dû apparaître en public. La plupart de ceux qui se trouvaient là avaient vu son corps dans la plus totale nudité, ils l'avaient même pétri et malaxé quand il s'était abandonné dans la jouissance, offert en grand, disponible à volonté et pourtant, c'était la première fois que nous le voyions si crûment. Il y avait là quelque chose que nous n'aurions pas dû voir et je n'ai pu m'empêcher de détourner le regard. J'ai observé les arbres, les oiseaux, le ciel, le bec rocheux qui mordait le ciel en surplomb, la maison de Mona, son allure de petite forteresse, la construction en escargot autour de la cour centrale, un assemblage à la fois puissant et entortillé, aussi inattendu que simple dans ses bases, une maison qui lui ressemblait, je m'en rendais compte à l'instant, j'ai contemplé tout cela comme si les oiseaux, le ciel ou les arbres avaient pu m'être d'un quelconque secours.

Au moment où j'allais m'avancer en direction de la cavité, l'homme sur lequel j'avais choisi de porter mon attention m'est passé devant sans me voir. Coupé dans mon élan, je l'ai laissé faire. Il a déposé son caillou dans le creux rempli de cendre et quand il s'est retourné, j'ai surpris des larmes dans ses yeux. J'ai cherché à retenir son attention. J'aurais voulu que nous échangions un regard, rien qu'une seconde, cela m'aurait suffi, et nous nous sommes frôlés, mais sans qu'il se détourne.

J'ai pensé : *Tout cela pour ça, ce regard embué chez un homme sans finesse ni élégance, cette douleur commune qui nous relie sans qu'il me voie, sans qu'il sache qui je suis, qui j'ai été dans la vie de Mona.*

Subitement cet après-midi d'août rien n'a plus eu d'importance que son regard et les larmes que maintenant il ne cherchait plus à retenir, la tête posée sur l'épaule de son épouse. Elle le tenait dans ses bras en opinant du chef. Le couple s'est éloigné tandis que le fils détournait les yeux, surpris et gêné.

Il m'a semblé que ces larmes versées par un inconnu prouvaient quelque chose. D'un seul coup, tout ce qu'il y avait eu de confus et d'irréel chez Mona se mettait à avoir du sens.

À la fin toutes les douleurs se valaient, il n'y en avait pas de grandes et de petites, il n'y en avait pas d'absurdes, tout devenait pur et vrai.

Laure et moi avons préféré partir avant que, dans la soirée, les invités s'attablent sous les arbres pour un dernier repas. Nous avions prévu de reprendre la route le lendemain de bonne heure mais ce n'était pas la vraie raison. Je n'avais pas envie d'entendre les autres parler de Mona et débiter leurs souvenirs. Je voulais la garder pour moi. La Mona qu'ils conservaient en mémoire, qu'ils avaient connue adolescente ou dans les derniers mois de sa maladie, ne m'intéressait pas. Pire, l'idée me rebutait que sans s'en rendre compte, chacun allait entrer en compétition pour savoir qui l'avait le mieux connue, lequel avait la meilleure histoire à raconter à son sujet, l'anecdote la plus savoureuse ou la plus attendrissante, celle qui trahirait un degré d'intimité à rendre jaloux les autres. Rien n'a changé depuis le temps des cours de récréation. Même adulte, même après la mort, on se dispute toujours pour savoir qui était le copain préféré : on s'arrache le cadavre, les morceaux de chair viennent l'un après l'autre.

Ce jeu m'écœurait mais surtout, je savais déjà que je n'y serais pas le plus fort. Il n'y avait rien à partager. Je ne voulais pas d'autre Mona que la mienne.

Laure et moi avons dîné à notre hôtel en ville. Elle m'a demandé : *Ça va ?* J'ai dit que oui, parce que c'était la vérité. Je le lui ai dit d'un ton suffisamment persuasif pour qu'elle cesse de poser des questions et qu'elle change de sujet : *Oui, ça va*.

Je n'avais pas envie de lui dire que depuis longtemps, depuis bien avant sa maladie, quand il m'arrivait de penser à Mona, elle n'existait déjà plus. J'avais d'elle une vue d'ensemble, une représentation simplifiée, pas davantage. Une idée abstraite dans le vrai sens du terme : je pouvais en abstraire ce qui me gênait, tout ce qui m'encombrait et dont je ne voulais plus entendre parler.

Sa mort n'allait sans doute rien changer. Je pourrais la croire en voyage ou recluse dans sa maison du Sud. J'ai pensé, tandis que Laure me fixait de ses grands yeux : *Elle est un souvenir bien rangé dont je n'ai plus rien à craindre*. Je l'ai pensé mais je ne l'ai pas dit, et Laure est restée avec ses questions, ses grands yeux lumineux qui ne cillaient pas, l'air de chercher quelque chose, sourire imperceptible aux lèvres. Ce sourire, c'était pour me dire qu'elle savait bien que je ne lui disais pas tout et que c'était sans importance, depuis le début il y avait une part de moi qu'elle n'atteindrait jamais, elle le savait, l'acceptait, peut-être même était-ce à cause de ça qu'elle m'était attachée.

Au début de notre mariage, elle m'avait dit : *C'est curieux, tu parais fabriqué dans un matériau ancien qui n'existe plus*, et aussitôt, m'était revenue en mémoire une phrase de Mona une nuit à la sortie du restaurant à la rotonde. La phrase commençait pareillement : *C'est curieux*. La sienne, c'était : *C'est curieux, tu as toujours l'air comme si tu vivais en exil*. Les deux voulaient dire la même chose.

C'était l'époque, je m'en souviens comme s'il s'agissait d'un autre, où en dépit de toute vraisemblance, une voix mystérieuse, que j'étais seul à entendre et qu'il ne me venait pas à l'esprit de discuter, m'assurait que Mona et moi, après bien des détours et des chemins de traverse, nous nous retrouverions et finirions ensemble. Je me disais : *Notre histoire, personne d'autre avant nous n'en aura vécue de pareille, nous sommes en train de réinventer l'amour.* Et peut-être au final est-ce cela qui s'est passé.

Mais à chacun de ses coups de téléphone, j'appréhendais son jugement, ses brusqueries, sa propension à s'agacer. C'est à ça que je pensais, maintenant que Laure me fixait de l'autre côté de la table. Toujours cette table entre les femmes et moi, le plaisir est là, entre nous, au beau milieu, il est au cœur des choses, mais il reste cette séparation infranchissable, la table, le plateau, les quatre pieds, cette surface dure aux angles coupants.

Oui, c'est à ça que je pensais. Maintenant, je pouvais disposer de Mona à ma guise. Vivants, les gens que nous aimons ont toujours quelque chose à exiger de nous. Ils s'ingénient à sortir du cadre dans lequel nous voudrions les tenir enfermés. Les morts n'attendent rien. Ils se laissent accommoder selon notre bon vouloir. À nous d'en faire bon usage.

Nous sommes sortis prendre un dernier verre sur la terrasse devant l'hôtel. Il régnait sur l'avenue une agitation qui tranchait avec l'atmosphère éteinte du restaurant. J'aime cette ambiance à la fois frénétique et désinvolte des villes du Sud. Rien ne paraît sérieux. Les gens se dépêchent mais c'est pour mieux faire semblant d'aller quelque part.

*

Alexandre n'était pas venu à la cérémonie d'adieu, et il n'avait pas non plus laissé de message, mais il m'a téléphoné quelques jours plus tard.

Il m'a raconté comment elle lui avait annoncé qu'elle allait mourir. Elle avait eu la même phrase qu'avec moi : *Je vais t'annoncer quelque chose qui va te faire de la peine.*

– À cet instant, au moment où elle parlait, son premier souci n'était pas qu'elle allait mourir mais la souffrance qu'elle allait nous infliger. Elle avait l'air de s'excuser. Cela ne lui ressemblait pas. Je veux dire, elle n'avait pas l'habitude de s'effacer pour laisser place à la douleur de l'autre.

J'ai répondu : *Peut-être qu'à la fin, chacun apparaît pour ce qu'il est vraiment.*

Il a laissé s'écouler un temps sans rien dire, du coup j'ai eu tout le loisir de réfléchir. Le premier été après la fin de Sciences Po, nous avions passé plusieurs semaines tous les trois avec Mona à nous écrire et nous téléphoner. Elle me parlait d'Alexandre, Alexandre me parlait d'elle. Si l'un n'avait pas de nouvelles de l'autre, c'était moi qu'il appelait : *As-tu des nouvelles de Mona ? Elle est dans sa maison du Sud ? Alexandre est toujours en stage dans sa préfecture ? Tu sais ce qu'il fait cet été ?* Ils me sondaient, hésitants, malhabiles, comme on progresse à tâtons dans la brume. À plusieurs reprises, Mona m'avait demandé de ne pas prévenir Alexandre qu'elle serait à Paris. Et sans doute y eut-il des rendez-vous entre eux qu'ils m'ont dissimulés. Moi, je jouais avec les distances et le temps. Après avoir trouvé un message sur mon répondeur, je calculais le délai que je laisserais s'écouler avant de rappeler, et selon l'effet que je recherchais, je sélectionnais les mots avec une précision maniaque. Chacune de mes réponses était un coup d'aiguille, je décidais où et à quelle profondeur l'enfoncer. Tous trois à notre façon, nous cherchions à faire advenir une réalité qui n'existait pas.

Le silence s'est prolongé entre Alexandre et moi sans que nous n'éprouvions aucune gêne, aucun de nous n'a prononcé les phrases habituelles en pareil cas : *Tu es là ? Tu m'entends ?* Nous savions parfaitement que l'autre était là et qu'il ne perdrait pas un mot de ce qui allait se dire.

Quand Alexandre a commencé sa phrase par *tu te souviens*, j'ai pensé que la discussion prenait décidément une fâcheuse tournure, j'ai failli lui en faire la remarque mais j'ai laissé faire.

Il a dit : *Tu te souviens qu'elle rompait au premier signe d'ennui ? Elle ne se laissait pas le temps de la patience. C'était pareil pour tout. Un jour qu'elle avait prévu de passer une semaine chez moi à Paris, elle est repartie le lendemain de son arrivée parce qu'elle avait croisé trop de visages tristes dans les rues. On aurait dit qu'elle savait qu'elle n'avait pas de temps à perdre.*

Ce qui était certain, c'était qu'elle et moi, notre histoire ne ressemblait à rien. Une histoire que je me racontais parce que cela m'arrangeait. J'ai pensé à ça pendant qu'Alexandre continuait à parler. C'était confortable, laisser ses mots aller, et leur clapotis à l'oreille.

Chaque événement qui survenait dans la vie de Mona, j'en avais fait le ressort d'un drame que j'étais seul à vivre. C'était un besoin chez moi. Ça l'a été jusqu'à ce que je vive avec Laure, après quoi Mona m'est apparue pour ce qu'elle était vraiment, une jeune femme ni plus belle ni plus intelligente qu'une autre, dont le seul mystère tenait à ce qu'elle ne savait pas ce qu'elle voulait. Tout de même, elle était une femme libre. Je l'ai su au premier regard au *Panoramic*. Personne ne peut lui retirer ça, c'est ce qu'il faudrait dire d'elle et rien d'autre.

Alexandre a repris sa respiration. Il a fini par se demander si tout de même je l'écoutais toujours, parce que je ne prenais même pas la peine de pousser de petits *hummm, hummm* comme il est de coutume pour faire comprendre qu'on a beau se taire, on est toujours là. Alors il a marqué une pause.

J'en ai profité. J'ai dit :

– *Peut-être avions-nous quelque chose à vivre ensemble avec Mona.*

J'ai choisi les mots exprès pour qu'Alexandre ne sache pas si ce *nous* l'incluait ou s'il se limitait à Mona et à moi. J'aurais pu dire : *Quelque chose à vivre ensemble, Mona et moi* ou *quelque chose à vivre ensemble, Mona et nous* mais je ne voulais pas.

Il a approuvé.

– *À l'époque, tout paraissait possible.*

Je nous ai revus, elle et moi, un hiver sur les routes des Pouilles. Nous n'avions pas trente ans et c'était le voyage d'un vieux couple fatigué. En vérité, c'était après notre propre histoire que nous étions lancés à toute allure entre la côte et Matera, perdus entre ciel et montagne, sans autre trace de vie que des troupeaux dépistés. Nous étions à sa poursuite : notre histoire ou plutôt son cadavre.

Quand Alexandre a raccroché, je suis resté assis sans bouger dans mon bureau de directeur de succursale. Mona était morte au moment où elle n'allait plus avoir sa place nulle part. Les rôles étaient distribués. Il était trop tard pour faire une épouse et une mère, quant à l'emploi de vieille maîtresse, le seul qui restait, elle n'avait certainement pas envie de l'endosser. Ses amis se fatiguaient de ses caprices. Alexandre n'avait plus besoin d'elle. Elle n'était pas réduite au néant mais cela allait venir. Ses bouderies, ses lubies, qui subjuguaient chez une femme de vingt-cinq ans, la faisaient juger hargneuse et grinçante à quarante. Elle l'avait compris. Elle avait pris la route, à pied parce qu'il n'y a qu'à pied qu'on est seul et libre, et quand il n'y avait plus eu nulle part où aller, après une ultime représentation sous le battant de Dieu à Compostelle, la maladie était venue, cela n'avait pas pris un an.

De ces années où j'ai cru être amoureux d'elle, et peut-être l'ai-je été, si je devais garder une image, ce serait bien sûr l'hiver, après une soirée je rentrais seul à pied. Parvenu à une certaine hauteur, je passais devant cette fenêtre éclairée de mauve, toujours la même, à l'étage d'un immeuble, un violet délavé de fond sous-marin, une clarté diffuse et liquide comme n'en produisent pas les éclairages ordinaires d'un appartement. Ce mauve, je n'en ai jamais identifié la source malgré mes passages répétés. Mon pas sur le trottoir était l'unique bruit alentour, et tout ce que je vivais, les soirées partagées dans l'appartement de Mona, dont les murs paraissaient de papier quand s'y mettait la lune, nos destins incertains, le flou dans lequel flottaient nos vies, m'apparaissait dramatique et violent. Je n'étais ni heureux ni malheureux. J'avais vingt ans. J'attendais qu'il se passe quelque chose. J'en guettais les signes et cette seule attente me tenait en haleine.

J'ai laissé venir la fin du jour, assis à mon bureau. Je l'ai laissé venir comme on se laisse submerger par la légère ivresse à l'approche du sommeil.

J'ai revu les routes des Pouilles, l'auto lancée à vive allure sur l'autoroute du littoral, je me suis revu et j'ai revu Mona dans les rues. Se perdre dans une ville inconnue est un plaisir trop négligé. Quand la possibilité m'en est offerte, je me la représente comme une carte vue du ciel, un dessin avec ses vides et ses pleins, quelques repères identifiables, et des mystères à découvrir. Au quotidien, nous empruntons toujours les mêmes itinéraires parce qu'il y a une utilité à marcher, nous rendre d'un point à l'autre dans un laps de temps imparti, tandis que privés d'habitudes, nous ressentons à chaque coin de rue la brutalité des merveilles invisibles.

Quelques années plus tard, Laure et moi avons eu l'occasion de séjourner à quelques kilomètres de la maison de Mona. Le dîner à l'hôtel se prenait sur une terrasse d'où se découvrait la campagne alentour, la montagne mais aussi tout en bas, les lignes tracées par les vignes et les rectangles d'oliviers. Des stries se répétaient à l'infini, le tout couturé de balafres plus claires, les chemins qui livraient l'accès aux champs. Depuis cette position en surplomb, je me suis aperçu que Mona était morte depuis déjà quatre ans. Je me suis dit : *Que serait-elle devenue, que ferait-elle à cet instant précis, ce soir de juillet ?* Rien ne me venait, aucune image, je ne parvenais pas à me la représenter quelque part tandis que la nuit submergeait les collines. Comme si sa vie avait décrit une boucle parfaite. Tout ce qui dépassait n'avait plus aucun sens.

*

J'ai appris la mort de Roger Spiuma par un entrefilet dans *Libération*. Il ne pouvait pas en être autrement. Je n'imaginais pas que le téléphone sonne et qu'une voix me dise : *Roger Spiuma est mort*. Il aurait fallu que sa mort ait de l'importance pour quelqu'un.

C'était l'année dernière. L'article tenait en quelques lignes, un modèle de concision. On aurait cherché en vain quels mots ou ponctuation retrancher. D'habitude, on ne trouve cette netteté que dans les attendus de certains jugements, bien plus souvent qu'en littérature.

Rien à voir avec l'article paru à la mort de Jean Jérôme, aux réseaux duquel Roger Spiuma avait appartenu et auquel il rendait régulièrement visite, sur le tard, dans son bureau numéro 44, place du Colonel-Fabien, pour discuter d'import-export avec la Pologne et la Tchécoslovaquie, de l'avenir d'Altertourisme ou de séances du comité central au cours desquelles Jean Jérôme avait longuement pris la parole bien qu'il n'en soit pas membre. Michel Feintuch, dit Jean Jérôme, juif de Galicie, communiste clandestin à seize ans, engagé au Profintern, au sujet duquel il se colportait tellement de légendes, le transfert des bijoux de la couronne d'Espagne pendant la guerre civile, les artistes fréquentés à Montparnasse, le pied-à-terre luxueux avenue Gorki à Moscou, un univers plongé en permanence dans une lumière diffuse, qui, en se répandant, avait perdu toute netteté. Je me les représentais tous deux derrière les murs rideaux du Colonel-Fabien, avec sa coupole de cathédrale luminescente et ses lignes serpentines. Jean Jérôme et Roger Spiuma, si différents et si semblables, l'homme au visage glacé et le Corse aux joues roses, l'un invisible, l'autre trop voyant, tous les deux également dissimulés. L'un se fondait avec ce qui l'entourait, l'autre se remarquait tellement qu'on ne pouvait soupçonner qu'il cachait quelque chose. C'est ce que je vois d'eux : deux hommes face à face dans le bureau numéro 44, meubles de métal, cuir et moquette aux murs, dont les contours ne sont pas nettement définis. Comme dans ces peintures où la lumière est distribuée de façon qu'on ne sache plus si telle tache appartient à un personnage ou à un autre.

Quand Jean Jérôme est mort, *L'Humanité* a titré : *Un homme communiste*. Un hommage avait été prononcé à l'Institut de recherches marxistes en présence des membres du bureau politique et du comité central. *Nous perdons un ami, un frère de lutte, fidèle toute sa vie à la cause du bonheur des hommes*, avait proclamé un officiel. Pour Roger Spiuma, rien de tel n'était possible. Catherine m'avait dit : *Ce qui est grave, ce n'est pas qu'il ait quitté le parti. C'est qu'il l'ait quitté pour une organisation révolutionnaire. S'il était allé ailleurs, on aurait dit : il a soixante-dix ans, il se ramollit, d'autres ont fait ça avant lui, ce n'est pas si grave, il a bien servi la cause et au moment de sa mort, on se serait tout de même souvenu qu'il avait été communiste. Mais, là, non, ce n'était pas possible : à soixante-dix ans, quitter le parti pour une organisation pareille, c'était comme trahir un secret de famille. Ce secret, finalement tout le monde le connaît : le parti n'a plus la foi. La ligne de foi, je crois que c'est l'expression pour un instrument de mesure en navigation ou pour une arme : la ligne qui sert de repère absolu. Sans elle, on fait juste semblant d'aller quelque part ou de viser une cible. C'est ainsi. On fait juste semblant d'y croire. Pas par goût du mensonge mais parce qu'on ne peut pas faire autrement. On dit des mots, « capitalisme », « révolution », comme il échappe aux dévots des « Jésus Marie » à toutes les phrases aussitôt que l'occasion est donnée, et même quand elle ne l'est pas et que c'est sans rapport avec la conversation. Sinon, la réalité fait trop mal. Tout le monde le sait mais le dire, c'est la pire trahison.*

Je me suis reporté, aussitôt après la lecture de l'entrefilet, au carnet d'obsèques du même journal et j'ai trouvé l'avis. Mais il ne s'y disait rien d'une quelconque cérémonie.

La seule chose que j'ai apprise par la suite est que Roger Spiuma avait été incinéré, sans que personne sache dire où avaient été entreposées ou dispersées les cendres. Il ne laissait aucun descendant direct ou indirect. Une disparition au sens premier du terme, il avait cessé d'être visible. Roger Spiuma s'est soustrait aux regards en s'enfonçant dans une nuit épaisse, il s'est volatilisé derrière tous les Roger Spiuma que nous avions croisés ou dont nous avions entendu parler, l'homme des réseaux clandestins, l'amphitryon joyeux qui régalait la tablée entière au restaurant à la rotonde, quand ce n'était pas l'étage, le Corse qui dansait sous le soleil de son enfance les pieds nus dans le sable, l'homme qui la chemise trempée de sueur se trémoussait au *Misty Moon* jusqu'à l'aube, ou qui la nuit dans les bars de la rue Mouffetard citait des passages entiers de *L'État et la Révolution*. À la fin, Roger Spiuma était resté seul. Ceux auxquels il avait rendu service étaient passés à autre chose. Et si on leur avait rappelé la période où ils l'avaient fréquenté, ils ne se seraient même pas souvenus des raisons qu'ils avaient de lui être redevables.

J'ai vite appris qui était le petit homme devant la berline gris métal, aperçu à l'aube au mariage d'Alexandre. Celui-ci s'était trouvé un autre Vautrin. Roger Spiuma convenait à vingt ans, mais quand on en a quarante, et qu'on travaille dans un cabinet ministériel, cela ne fait pas sérieux. Le petit homme lui avait prêté un demi-million d'euros pour s'acheter un appartement. Il lui avait dit : *Marie-toi* et avait financé la cérémonie. L'argent, il ne le stockait pas par liasses dans la poche de son veston, le sien était invisible et payait bien d'autres choses que des tournées dans les bars de la rue Mouffetard ou des repas au restaurant. Il avait fait fortune dans les centres commerciaux, était actionnaire de plusieurs journaux et subventionnait des laboratoires d'idées progressistes. Il disait que la gauche souffrait d'une *insensibilité aux changements et aux nouvelles tendances : la gauche est devenue mélancolique, le monde extérieur ne l'intéresse plus parce qu'il ne ressemble plus à rien de ce qu'elle a aimé. Elle réessaie, elle recommence, elle repart, ça fait passer le temps. Elle est bègue, ou bien elle est mutique. Les mots ne sortent plus, elle qui a été la reine du verbe autrefois. Qu'est-ce qu'elle fait d'autre que lutter contre son propre engloutissement ? C'est sublime, cette lutte, son obstination, mais c'est grotesque aussi.*

J'ai eu l'occasion de vraiment le rencontrer. Je veux dire de l'écouter parler autrement qu'en épiant une conversation sur un coin de parking. C'était à une réunion organisée par la Banque de France à laquelle participaient une cinquantaine de responsables économiques. Il disait à quelqu'un : *Tu comprends, l'égalité est une passion française, et cela va parfois jusqu'à l'ivresse : 1793 ! L'égalité est aussi la passion des enfants. Enfant, le besoin de justice nous dévore plus que tout. De justice, donc d'égalité. Nous sommes incapables de transiger là-dessus. La phrase qui revient le plus à cet âge, n'est pas : « Je ne suis pas libre » mais « Ce n'est pas juste ! ». Ce n'est pas la liberté que réclame l'enfant, il peut la revendiquer pour satisfaire un caprice immédiat et si elle lui est refusée, il proteste, il crie, il pleure mais sans y croire vraiment. Parce qu'au fond il sait qu'il est normal qu'on ne le laisse pas agir à sa guise. Il s'indigne mais il ne croit pas lui-même à son indignation. Il est à l'âge des grandes terreurs : le besoin de se sentir protégé l'emporte sur celui d'être libre. En revanche, l'égalité, il y croit. Il ne peut pas supporter l'idée qu'entre frères, ou entre camarades à l'école, tout le monde ne soit pas traité sur un même pied. Tout enfant est un petit Robespierre. Il ne compose pas. Il sait que la justice ne s'applique pas aux trois quarts ou à demi, s'il en manque un centième, elle manque tout entier. Le socialisme tel que l'ont conçu certains répond au même besoin dévorant : en finir avec le chaos du monde et son injustice, le mettre en ordre, chasser les peurs, il est une passion d'enfant. Le feu de la liberté nous enflamme à un âge plus tardif, je dirais entre douze et vingt-cinq ans. Après quoi tout cela s'affadit, on ne chérit plus ni l'une ni l'autre, liberté et égalité passent pour de vieilles idoles bouffées par les mites, et je ne vous parle même pas de la fraternité, celle-là fait ricaner.*

Il a fait un écart, a attrapé son interlocuteur par le bras et le lui a tapoté, comme en signe de consolation : *Tout cela, c'est bien beau, mais passé un certain âge, tout nous est égal pourvu qu'on ait la paix.*

Il a dit cela sans sourire. Pas du tout sur le ton de quelqu'un qui achève une tirade sur une pirouette et se montre content de lui. Il a pivoté pour s'éloigner et nos regards se sont rencontrés. Il ignorait que je connaissais Alexandre, et même qui j'étais. Ma présence a paru le saisir. Je me suis demandé s'il m'avait reconnu depuis la fois où je l'avais aperçu sur son parking, mais je crois bien que non. Ce qui a eu l'air de le gêner, c'est que je surprenne la lueur éphémère au fond de ses yeux. De la tristesse, peut-être pas, c'était plus compliqué, ce qu'il exprimait à son insu ne se laissait pas voir clairement. Il semblait tout simplement avoir égaré quelque chose.

C'est la seule occasion qui m'ait été donnée de l'approcher. Il parlait peu et se montrait rarement.

Un jour que nous étions attablés dans un café de la Contrescarpe, Roger Spiuma était absorbé dans la lecture d'un article de journal sur les repentis italiens. Il a dit, sans lever la tête, comme s'il continuait de lire les phrases imprimées : *Leur lutte était insensée. Totalement infantile, du point de vue même des objectifs qu'ils s'étaient assignés. Et cependant je vais te dire, ces imbéciles, aussi nocifs qu'ils aient été pour notre cause à tous, ils font partie de la famille. Je ne peux pas me défausser, je ne peux pas dire : je n'ai rien à voir avec eux. Je ne les approuve pas, je les condamne même mais ils sont de la famille de ceux qui ont cru changer le monde. Leurs crimes, ce qu'ils ont commis d'odieux et d'indigne, une part de responsabilité m'en revient. Elle revient à quiconque est de gauche, y compris la gauche la plus légaliste, la plus sage et la plus timorée. J'allais dire : comme à un parent les crimes que commet son enfant.*

Il a poursuivi : *ils croient que la révolution c'est comme un moteur qu'on démarre. Il suffirait de trouver la clé de contact. Mais ce n'est pas ça. La révolution, c'est un orage qu'on guette, c'est tout. Elle est là où elle n'est pas là, elle est comme le vent et le tonnerre,* et je me le suis représenté, pareil à ceux qui guettent les signes annonciateurs de la foudre pour être là au moment où elle lacérera le ciel, le nez en l'air, repérant les nuages quand leur base s'assombrit et que leurs flancs blanchissent. Il va pleuvoir, il pleut déjà, l'air se met à vibrer et fait un bruit d'abeilles.

*

Je suis allé chercher Catherine au pied de sa tour. Elle est descendue avec sa petite valise qu'elle a rangée sur la banquette arrière de la voiture après avoir traversé l'esplanade devant chez elle, et nous avons pris la route. L'idée était venue un soir que nous dînions tous les trois. Laure devait passer une semaine à l'étranger pour son travail, j'allais me retrouver seul, perspective que j'envisageais sans appréhension, mais Catherine a dit : *Et si nous en profitions pour prendre une semaine, toi et moi ? Une escapade.*

J'ai rattrapé le périphérique à la hauteur de Charenton puis il a suffi de suivre les autoroutes, l'une après l'autre, sans nous arrêter. Maintenant, nous roulons dans le bleu du soir, emportés par l'élan de la berline. Le genre de voiture qui a l'air de se conduire toute seule. Les pneus produisent un bruit élastique et doux. Catherine a mis de la musique. Un petit air de musique de chambre avec cordes et bois, qui colle parfaitement au décor et rajoute à l'impression de confort.

Je ne ressens aucune fatigue malgré les heures passées au volant sur l'autoroute déserte. Quelques panneaux accrochent le regard. Des noms de lieux sans importance. À peine les voit-on venir, et ils sont derrière nous.

Catherine dit : *Laure m'a dit une drôle de phrase l'autre jour. Elle m'a dit : c'est curieux, les inconnus commencent par vous faire peur, puis si vous les connaissez un peu ils deviennent les meilleurs amis du monde, et si vous les connaissez beaucoup, vous ne les supportez plus.*

J'ai demandé :

– *Cela t'a vexée ?*

– *J'ai surtout trouvé ça très juste. Peut-être l'amitié est-elle une affaire de distance. Savoir juste ce qu'il faut pour ne plus avoir peur de l'autre, et pour le reste, ne pas trop chercher à savoir.*

Elle manipule le lecteur de disque pour passer au morceau suivant. Elle a envie d'un passage plus doux, explique-t-elle. Puis elle ajoute : *Et non, cela ne m'a pas vexée. Nous ne nous voyons pas si souvent, toi et moi. Et il y a tellement de choses que nous ne connaissons pas l'un de l'autre.*

J'ai envie de lui demander quoi. Qu'elle me dise ce qu'elle veut savoir à mon sujet, et ce qu'elle voudrait m'apprendre et que j'ignore la concernant. Mais Laure a raison. Si l'on dessine un trait trop net, l'imagination n'a plus sa place. Mieux vaut, pour que l'amitié ait sa chance, laisser l'autre rêver à sa guise. Puis aussitôt, je me remémore le buffet dans son appartement d'où Catherine a sorti la chemise cartonnée avec la photo d'Alexandre et Roger Spiuma, et les indications sur le *Misty Moon*. Tout était rangé avec soin. Que sait-elle exactement sur chacun de nous ? En a-t-elle trop appris pour continuer à être notre amie ?

Du coin de l'œil, j'aperçois son profil dans la pénombre, éclairé par intermittence. Le visage surgit en pleine lumière, violemment, pour disparaître aussitôt.

Elle attrape son téléphone portable, l'écran s'allume. Elle pianote sur le clavier. Elle me dit qu'il nous reste une heure et demie de route. Elle continue à faire défiler l'itinéraire.

– Tu sais quoi ? Cela m'amuserait si demain nous allions faire un tour pour voir où je me suis mariée. Ce n'est pas très loin. Je n'y suis jamais retournée.

Je me souviens de la petite commune. Je me souviens que j'étais incapable de me rappeler le visage de son mari le jour même des noces. La silhouette, oui, mais pas le visage et somme toute, j'avais bien fait de ne pas faire d'effort, puisque Catherine elle-même, après toutes ces années, a du mal à croire qu'elle a été mariée.

Nous quittons l'autoroute. Nous roulons à travers un paysage de petites collines. Rien ne se distingue. Nous traversons une masse confuse de points et de taches, où les panneaux indicateurs servent de seuls points de repère. Ils semblent posés exprès à notre intention, pour servir de preuve : en dépit des apparences, ce pays-là existe bel et bien. Sans eux, il se résumerait à une suite sans fin de carrefours et de surfaces qui ondulent, tous interchangeables.

Nous sommes arrivés. Nous nous engageons dans une route étroite au bout de laquelle je devine une maison dans l'obscurité. La maison d'enfance de Catherine, vide depuis longtemps, elle ne sert plus qu'aux vacances ou à des réunions de famille.

Je la laisse me guider. Elle avance à travers les couloirs, somnambule. Je devine qu'elle se concentre sur l'odeur, qui à moi ne dit rien de particulier, mais qui pour elle est unique et reconnaissable entre mille, l'odeur qu'a chaque maison quand la même famille y a vécu très longtemps. Elle lui survit bien après que cette famille a quitté les lieux, pour peu que personne par la suite n'ait vraiment pris sa place. Une trace indéfinissable, on ne saurait dire à quoi elle tient, aux meubles, aux revêtements sur les murs, aux relents déposés année après année à force qu'on y a fait la cuisine, une certaine cuisine et pas une autre car chaque famille a ses plats et une façon de les préparer, aux produits de toilette, aux shampoings, aux savons, aux vêtements que portaient ceux qui ici étaient chez eux. Personne ne saurait dire : *Cela sent tel parfum, telle odeur de cuisine*, c'est tout cela à la fois, amalgamé jusqu'à ce que chacun des éléments qui entrent dans la composition, soit méconnaissable. Une intimité s'est déposée, une émanation. La vie a laissé son haleine.

Catherine a téléphoné ce matin à la mairie pour prévenir de notre passage. Je gare la voiture sur le parking. L'hôtel de ville ressemble à un gros pavillon de banlieue. Il n'est pas si tard mais la nuit tombe vite à cette période et une légère bruine assombrit l'atmosphère. Malgré l'intempérie, sur un petit lac en contrebas, un équipage s'entraîne à l'aviron. Les rameurs ont des gestes vifs et précis, des gestes d'insectes répétés inlassablement à l'identique. Ils lâchent un petit cri sec à la seconde où la rame frappe l'eau, un cri qui leur fend la gorge.

La secrétaire de mairie a préparé le registre. Catherine voulait le consulter. Peut-être parce qu'il était la seule trace palpable qu'un jour, elle avait été mariée.

L'employée nous a laissés seuls dans une pièce éclairée au néon. *Si vous avez besoin, je suis juste à côté.* Catherine l'a remerciée.

Elle feuillette les pages. Par la fenêtre, je regarde la pluie tomber sur la petite ville. La devanture d'une brasserie est l'unique trace de vie. J'ai envie de proposer à Catherine d'y dîner avant de reprendre la route. Je ne sais pas pourquoi j'ai besoin de cette idée. L'idée que nous nous attablions parmi des inconnus dont nous écouterions les conversations, des mots faciles qui ne risquent pas de faire mal, choisis exprès pour être simples à comprendre. J'ai besoin de cette musique-là, qui ne demande pas d'effort, des phrases sans peine, prononcées avec l'aisance que procure l'habitude.

Ce n'est pas vraiment de la pluie. Plutôt la condensation du brouillard.

Catherine relève la tête et me dit : *Tu as vu ?*

Le papier tremble entre ses mains, ses joues de brioche ashkénaze aussi tremblotent, comme deux poches de gelée dont la consistance est telle, quel que soit le mouvement qu'on leur imprime, qu'elles retrouvent toujours leur forme initiale. Mais très vite, elle se maîtrise. Elle me tend le registre. Je me penche pour lire à l'endroit qu'elle m'indique.

Je relis une deuxième fois, puis une troisième, pour être sûr.

Roger Spiuma a été son témoin de mariage. Son nom figure sur la page, mais dessous, il est écrit : *Né le 4 août 1941 à Réauville (Drôme).*

Elle dit : *Je n'avais pas fait attention, à l'époque.*

Nous toquons à la porte vitrée derrière laquelle la secrétaire de mairie commence à ranger ses affaires, l'heure de la fermeture approche. Nous la remercions, elle a un petit sourire, le premier vrai sourire depuis le début, qui révèle ce qu'elle s'imagine au sujet de Catherine et moi. Cet homme et cette femme qu'elle se figure revenir un soir d'hiver en pèlerinage sur le lieu où ils se sont mariés, cela l'attendrit, et je n'ose pas la détromper. Le visage fermé qu'elle affichait tout à l'heure s'est soudain désarmé.

Catherine et moi sortons sur le perron. Nous nous regardons et à la même seconde, nous éclatons de rire. Le rire nous tient plusieurs minutes. L'écho se répercute jusqu'à l'autre bout de la place. On doit nous entendre dans les rues adjacentes.

Catherine dit : *Tu te rends compte, le salaud, il n'était même pas Corse !*

Tandis que nous traversons la placette plantée de marronniers, l'envie me prend de téléphoner à Laure. Une envie pressante. Il suffit que j'entende son timbre pour que m'apparaisse la majesté sévère de son visage. Sévère, mais astucieuse. Elle a toujours l'air de dire que rien n'est grave.

Oui, si je pouvais parler à Laure, elle saurait quoi dire pour me rassurer, même si je ne sais pas de quoi j'ai peur à cet instant où nous traversons la place en diagonale dans la nuit. Peu importe ce que je redoute, et ce qu'elle dirait n'aurait pas davantage d'importance, c'est la façon de le dire qui compterait. Une façon qui n'appartient qu'à elle et qui suffit à me faire du bien depuis toutes ces années.

Ces dernières semaines, à force de fouiller le passé de Roger Spiuma, d'explorer les années où nos trajectoires se sont entrecoupées, mais aussi la zone plus floue qui déborde de cette intersection, j'ai eu l'impression de me retrouver seul. Seul avec leurs mémoires à tous, tous les visages de cette époque.

J'avais beau regarder autour de moi, chercher avec qui partager les images et les sensations qui m'assaillaient, je ne voyais personne qui puisse m'être secourable. J'aurais parlé, personne n'aurait compris. Ceux que j'aurais approchés m'auraient jeté un regard apitoyé ou méfiant et se seraient éloignés sans répondre, me laissant à mes soliloques.

Quand cela me prend, quand ce sentiment de solitude me serre le cœur, je ferme les yeux pour ne plus voir les autres. Je ferme les yeux et je me vois marcher seul dans une rue. J'emmène avec moi tous les visages du passé. Pas un ne manque. Je suis le joueur de flûte de Hamelin qui entraîne à sa suite les rats et les enfants. Les souvenirs sont pareils aux rats et aux enfants. Ils vous entament, ils vous usent, se nourrissent sur votre dos, j'entends le petit bruit qu'ils font avec leurs dents quand ils vous croquent et déchiquettent. Ils vous mordillent jusqu'à l'anéantissement. Mais ils sont aussi la vie au berceau dans ce qu'elle a de plus pur.

Nous sommes attablés, Catherine et moi, dans la brasserie au décor de boiserie et de velours. Je me demande si elle savait pour Roger Spiuma, si elle ne m'a pas amené là exprès pour que j'apprenne cette ultime vérité. Je l'interroge. Elle me dit qu'elle avait bien entendu parler une fois d'un père *arrivé en France dans un train venu d'Italie* mais sans y prêter davantage attention, parce que cela ne cadrait pas avec le reste du récit.

– Oh, et puis, il parlait tellement, il racontait tellement de choses, je finissais par ne plus faire attention. Je te l'ai dit, Spiuma, c'était plutôt votre histoire à vous, à Alexandre et toi.

Je vais pour poursuivre avec mes questions, mais je me sens soudain très las, avec un goût bizarre en bouche. J'en ai plus qu'assez de cette histoire avec ses tiroirs à double fond et ses portes qui ouvrent sur d'autres portes. Tout cela pour quoi ? Ces petits secrets dans quel but, sinon corser un peu le récit d'une vie, faire croire qu'elle a du goût et du sens ?

Mon regard se porte sur le téléviseur allumé au-dessus du bar. Un regard machinal, je m'apprête à revenir à Catherine et à son visage plissé, à ses yeux qui depuis tout à l'heure, quand je me suis penché au-dessus du registre, guettent mes réactions, mais je reste aimanté.

Sur l'écran apparaît Alexandre. Un gros plan de caméra, puis celle-ci s'éloigne en un mouvement fluide et laisse apparaître ce qui l'entoure. Une salle géante, remplie d'une foule compacte.

Catherine surprend ma réaction et tourne la tête en direction du téléviseur.

Les clients au bar suivent les images, portant leurs verres à leurs lèvres sans se détacher de l'écran.

Alexandre parle au micro derrière un pupitre. Des projecteurs percent l'obscurité. Le plafond est si haut qu'il ne se laisse pas deviner. On pourrait croire que l'événement se déroule en plein air, ouvert en grand sur le ciel et la nuit.

Alexandre ne s'adresse pas à des spectateurs massés à ses pieds, comme c'est la règle dans un meeting classique. Le public est disposé autour de lui, et c'est à peine s'il le surplombe, juché sur une petite estrade dont il descend régulièrement pour s'immerger dans la foule, se tournant d'un côté puis de l'autre, prenant garde de n'ignorer personne. Un micro-cravate lui permet de discourir comme s'il s'adressait à des amis, penché dans leur direction, et régulièrement, le ton change, il se fait interrogateur, on s'attend à ce qu'il s'interrompe pour laisser l'autre intervenir, il va poser des questions et se taire pour écouter la réponse ou bien il prend l'autre à témoin. Et on croirait entendre l'autre dire qu'il a raison.

Un logo est incrusté dans un coin de l'écran. On y distingue les mots : *élection, congrès*. J'imagine dans l'ombre le petit homme aperçu lors du mariage d'Alexandre, pas dans les gradins, non, en coulisses, dans l'enchevêtrement de ferrailles qui portent les grappes de projecteurs. Il doit être content de lui et de son élève. Il répète les mots à voix basse et glisse sa voix dans celle du tribun.

À cet instant, je voudrais m'approcher le plus près possible d'Alexandre, jusqu'à scruter le grain de peau et respirer son haleine, et comme par magie, comme si j'avais le pouvoir de guider le cadreur, la caméra revient au visage et ne s'en détache plus. Il est remonté à son pupitre. Le pupitre est en plastique transparent. Il laisse tout voir, rien ne doit faire obstacle. Il faut qu'on croie l'orateur nu, livré à la merci de la foule, sans rien qui l'en protège. Les deux mains en appui sur les côtés, coudes repliés, prêt à bondir, Alexandre hausse le ton. D'où cette voix lui vient-elle ? Elle lui racle les parois de la gorge, il la pousse à s'en déchirer les poumons. Alexandre n'est plus en contact avec le sol. Il ne voit plus les gradins, il ne voit plus les murs tendus aux couleurs de son mouvement. Je ne l'entends plus. Ou plutôt je l'entends, mais l'Alexandre d'autrefois, qui me racontait les samedis solitaires sur le tapis du salon familial, dont les entrelacs, au fur et à mesure qu'il les suivait des yeux, le faisaient s'égarer dans des rêves sans retour. Je l'entends et c'est à moi qu'il parle, j'entends ce qu'il ne dit pas et qui m'est réservé, tandis qu'il me fixe de derrière son écran comme à travers une loupe. *La vérité, tu la sais maintenant : je n'ai pas d'amis. Je n'en ai jamais eu, toi pas plus qu'un autre et je n'ai pas de regrets. Si j'en avais eu, rien de ce qu'ils étaient n'aurait franchi le temps. Celui que j'emporte avec moi, c'est Roger Spiuma, intact, immortel, plus réel que tous les amis que j'aurais eus pour de vrai.*

Et à cette seconde une image se superpose. Roger Spiuma s'est rendu invisible mais il va réapparaître un jour sans prévenir au coin d'une rue. Aucun doute là-dessus. Sur un bout de trottoir, ce sera entre chien et loup, il bruinera doucement sur Paris et sa silhouette se détachera dans l'immobilité du soir, à l'affût du prochain jeune homme qui passe. J'entends sa voix chantonner doucement au milieu du silence. Une rengaine, les mêmes mots qui reviennent, indistincts. *Faisons aller les flacons et trotter les jambons*. J'entends sa voix susurrer la comptine et les mots sifflent entre ses lèvres.

Votre livre est fabriqué en France sur un papier certifié PEFC,
pour une gestion durable de la forêt.

Ouvrage réalisé par Cédric Cailhol Infographiste

Achevé d'imprimer sur Roto-Page en novembre 2024
par l'Imprimerie Floch à Mayenne

Dépôt légal : janvier 2025
N° d'impression : 105865

ISBN : 978-2-8126-2647-0

Imprimé en France